KB250134

우리 아이 뇌 발달법 20가지

학교와 인생에서 성공시키기

Marcia L. Tate 지음 | 정수민 옮김

명인문화사

우리 아이 뇌발달법 20가지:
학교와 인생에서 성공시키기

제1쇄 펴낸 날 2014년 1월 5일

지은이 Marcia L. Tate
옮긴이 정수민
펴낸이 박선영
펴낸곳 명인문화사

디자인 정은영
교 정 김미현

등 록 제2005-77호(2005. 11. 10)
주 소 서울시 송파구 석촌동 58-24 미주빌딩 202호
이메일 myunginbooks@hanmail.net
전 화 02)416-3059
팩 스 02)417-3095

ISBN 978-89-92803-63-2
가 격 13,000원

ⓒ 명인문화사

Preparing Children for Success in School and Life:
20 Ways to Increase Your Child's Brain Power

Marcia L. Tate

English Language edition published by Corwin Press, Inc., SAGE Publications company of the United States, London and New Delhi, Copyright ⓒ 2011 by Corwin Press, Inc., SAGE Publications company (코윈 프레스 INC., 세이지 퍼블리케이션 컴퍼니)

Korean Edition ⓒ 2013 Myung In Publishers

차례

머리글

지역 신문에 다음과 같은 광고가 났다면?

부모 구함

의사, 변호사, 간호사, 교사,
상담사 및 심판의 능력 필수

스트레스 받을 때도 유머를 잃어서는 안 됨

모든 중요 행사에 택시 기사 노릇을 해야 함

보수 없음. 초과 근무 필수

24시간 대기

병가 없음

평생직장

(Tate, 2007, p. 121)

부모를 구하는 이 광고가 신문에 개재되었다면 지원하는 사람이 있을까? 그러나 부모들은 매일같이 이러한 책임은 물론 더 많은 의무를 다하고 있다. 30년 이상 아내이자 어머니로 살면서 나는 한 가지를 배웠다. 좋은 부모가 되는 것은 세상에서 가장 힘든 일이라는 것이다. 부정적인 롤모델들이 너무나 많고, 미디어에서는 폭력과 부정성이 늘어나고, 서로 얼굴을 보고 대화하는 시간이 줄어들면서 부모라는 직업은 매년 더 힘든 직업이 되어가고 있다. 그러나 그것은 가장 중요하고 뿌듯한 직업이기도 하며 그 역할을 잘 하는 것이 절대적으로 중요하기도 하다!

■ 수상 돌기 재배자로서의 부모

아기는 약 천억 개의 뉴런(신경 세포) 또는 기억세포를 가지고 태어난다. 실제로 자궁에서 태아는 천억 개 이상의 뉴런을 갖고 있으나 태어나기 전에 일부는 잘려나가거나 폐기된다. 모든 뉴런의 끝에는 수상 돌기라는 접속부가 있다. 하나의 뉴런에서 메시지가 다음 뉴런으로 옮겨지는데, 세포체에서 축색 돌기로 내려가 뉴런과 뉴런 사이의 공간인 시냅스(신경 접합부)를 지나 다음 뉴런의 수상 돌기로 들어가는 과정을 거친다 (다음의 도표 참조).

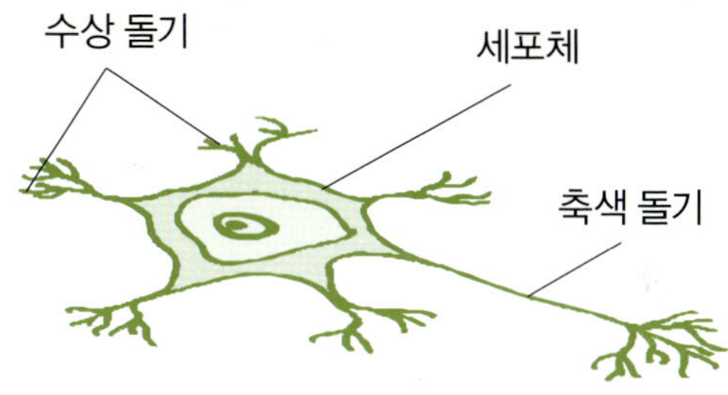

많은 부모들은 아이들의 교육은 학교가 우선적으로 책임져야하며 자신은 중요하지만 가벼운 지원자 여할을 한다고 생각한다.[1] 사실 우리는 인간 뇌의 세포가 가장 빨리 자라는 시기가 0세에서 4세까지 라는 것을 알고 있다. 그렇기 때문에 부모는 아이의 첫 번째이자 가장 좋은 선생님이다. 아이가 새로운 것을 배울 수 있도록 해 줄때마다 아이의 수상 돌기를 키우고 뇌의 능력을 향상시키므로 부모는 물론 선생님은 **수상 돌기 재배자**이다.

37년간 교육계에 종사하면서 나는 이 책에 기술된 내용을 실천한 많은 부모님들을 봐왔으며 그들의 인종, 종교 또는 사회경제적 신분과 상관없이 학교뿐만 아니라 인생에서 성공할 수 있는 아이로 키워내는 분들을 보아 왔다. 그러나 다른 많은 부모들은 어떻게 해야 할지 전혀 알지 못하며 성공하는 아이로 키우는 핵심을 알지 못한다. 필자는 완벽한 부모일까? 전혀 그렇지 않다. 그러나 나는 정서적으로 안정되고 공손한 세 아이를 길러냈으며 자랑스럽게도 아이들은 멋진 성인으로 성장하여 셋 중 두 아이는 훌륭한 부모가 되었다. 나머지 한 아이는 아직 자식이 없다.

■ 이 책의 개요

이 책은 크게 두 부분으로 나뉘어져있다. 첫 번째 부분은 아이가 성공적인 인생을 살 수 있도록 출생 때부터 부모가 무엇을 준비해야 하는지에 대한 내용을 담고 있다. 현재 뇌 의학 연구를 통한 결과와 유능한 인간이 되고 유능한 부모가 되기 위해 고안된 여러 프로그램에서 선별한 사례를 담았다. 두 번째 부분은 아이의 학습 성취도를 높이기 위한 뇌발달 전략과 아이가 학교에서 성공하고 궁극적으로 자신이 선택한 직업분야에서 성공할 수 있는 방법을 제시했다.

이 책의 포맷은 내가 기존에 썼던 5개의 베스트셀러 문제집 시리즈와 비슷하다. 각 장의 첫 부분에서는 사례를 바탕으로 단순하면서도 뇌와 친숙한 방법을 권하고 있으며 이러한 사례를 사용하는 이유를 설명하기 위해서는 심리학 및 교육학에서의 연구를 공유하였다. 각 장의 두 번째 파트에서는 여러분과 아이가 함께 사용할 수 있는 다양한 예를 제시하고 있다. 각 장의 마지막에서는 그 경험에 대해 다시 생각해 보고 **행동 계획**을 세워 집에서 어떻게 적용할 수 있는지 생각해 보도록 한다. 습관을 만드는 데는 약 21일 또는 28번의 연습이 필요하다는 것을 기억하자. 그렇기 때문에 앞서 확인한 행동 계획을 지속적으로 연습해야 한다. 여러분이 이 책을 마칠 때, 어떻게 그리고 무엇을 해야 할지 뿐만 아니라 자신의 양육 기술을 더 향상시키는 명확한 행동 계획을 개발할 수 있기를 바란다.

인생에서 성공하는 아이로 키우는 방법

이 책의 목적을 전달하기 위해 예화, 시각화 그리고 비유 등을 들어 설명할 것이다. 코카콜라 캔이 두 개가 있다고 생각해 보자. 캔 하나는 따지 않았고 콜라가 가득 채워져 있다. 다른 하나는 완전히 텅 비었다. 맨 손으로 콜라가 가득 찬 캔을 찌그러트리려 한다고 생각해 보자. 아무리 노력해도 완전히 찌그러트린다는 것은 너무 힘든 일이다. 아마도 약간 찌그러지거나 움푹 들어간 곳이 생길 수는 있지만 캔 자체의 모양은 거의 그대로 일 것이다. 그렇다면 이제 텅 빈 콜라 캔을 찌그러트린다고 생각해 보자. 안이 텅 비어 있기 때문에 양면을 쉽게 무너트릴 수 있다.

이것은 부모들이 자신의 아이를 양육하는 방법을 비유한 것이다. 가득 찬 코카콜라 캔처럼, 어떤 부모는 아이가 인생에서 성공할 수 있는 원칙들로 가득 **채워준다**. 아이가 부정적인 또래 집단의 압력, 미디어에서 보는 부적절한 롤모델 또는 유해한 행동에 대한 유혹과 같은 **건전한 자신의 존재를 무너트릴** 수 있는 수많은 외부 영향에 둘러싸였을 때, 이러한 영향들은 아이의 내면에 전혀 또는 아주 조금 밖에 영향을 미치지 않는다. 캔을 **채워주려고** 노력하지 않거나 귀찮아하는 부모는 아이를 외부의 영향에 의해 쉽게 무너지거나 **캔을 채우기 위해** 방황하는 사람으로 키우는 것이다.

나는 아이들이 **자신의 캔을** 채우는데 필요한 중요한 방법을 이 책을 통해서 권유하려고 한다. 이 책은 내가 그동안 배우고 집대성하고 전세계에 가르쳐 온 삶을 바꿔주는 프로그램의 모음집이라고 할 수 있다.

● 스티븐 코비의 성공하는 사람들의 7가지 습관

● 돈 로우리의 장점과 약점을 식별해주는 진짜 성격과 기질
● 긍정적 사고의 힘. 사람들이 긍정적으로 생각할 때 일어난
  놀라운 일을 바탕으로 내가 개발한 강의이다. 또한 노먼 빈
  센트 피일 박사의 동명의 책이기도 하다.
● 학급 경영에 관해 내가 저술한 책, 소리 지른다고 수상 돌기
  가 자라지 않는다: 뇌를 사용할 수 있는 교실을 만드는 20가
  지 방법
● 뇌계발 교육에 관해 내가 저술한 책, 문제집에는 수상 돌기
  가 자라지 않는다: 뇌를 사용하는 20가지 교육용 방법
● 부모, 교사, 교육 행정가 그리고 교사연수 프로그램 개발자
  로서 40년간의 나의 경험

  이 프로그램은 건강한 정신과 육체, 사회적, 정신적 성장과
개발에 꼭 필요한 가치와 도덕을 아이들에게 채워줄 수 있는
전략으로 가득 차있다. 이 책을 즐기면서 더 좋은 부모가 되도
록 목표를 세워보길 바란다!

아이와 관계 맺기

부모는 그 어느 때 보다 아이들과 만족스럽고
긍정적인 관계를 만들기 위해서 노력해야 한다.

－돕슨(Dobson, 2001)

■ 무엇을 뜻하는가?

인간의 모든 상호작용의 기반은 관계이기 때문에 첫 장에서 부
모-자식 관계를 다루는 것은 당연할 것이다. 관계가 모든 것을
의미한다! 실제로 런켈[1]은 그의 저서 『소리치지 않는 훈육: 쿨
하게 아이를 키우는 혁신적인 방법』에서 인간관계에서 싸움
을 통한 승자는 없으며 단지 상처만 남는다고 했다. 나는 개인
적으로 재혼 가정에서 양부모가 가정의 일원이 된 후 아이들
과 관계를 맺으려고 노력하지 않는 경우를 보았다. 그럴 경우
양부모가 아이에게 귀가 시간을 정해주거나 훈육을 하려고 할
때 돌아오는 대답은 "당신은 나에게 이래라 저래라 할 수 없어

요! 당신은 우리 엄마가 아니에요!" 또는 "당신은 내 아버지가 아니에요!"이다. 그러나 양부모가 아이와 친해지려고 노력하고 관계를 형성한다면 양부모가 아이에게 무엇을 해라, 하지 말라고 요청했을 때 아이가 말을 들을 가능성이 더 높다. 우리 아이들이 우리를 믿어도 된다는 것을 알게 될 때, 아이들은 우리가 요청하는 것을 따를 것이며 특히 아이가 그 요청의 중요성을 안다면 더욱 그럴 것이다.[2] 그런 믿음 위에 지속 가능한 관계를 쌓을 수 있다.

나는 성공하는 사람들의 7가지 습관에 대해 교육을 받을 때 감정은행계좌라는 개념을 배웠다. 우리 가족의 생활은 말 그대로 이 개념을 통해서 완전히 바뀌었다! 이 개념은 뇌발달법 중 은유를 사용하며 우리 인생에서 관계를 맺는 사람들을 통

> 예의, 친절, 정직 그리고 약속 지키기와 같은 입금을 통해 튼튼한 감정은행계좌가 형성된 사람은 어떠한 부족함도 극복할 수 있는 충분한 신뢰를 보유하게 된다. 만약 그 신뢰도가 높다면 대화를 쉽고 효율적으로 할 수 있다.[3]

장에 비유한다. 우리의 금융 계좌처럼, 우리는 가족, 친구, 직장 동료 등과 상호작용하면서 감정을 입금과 출금한다. 만약 서로 간에 출금, 즉 부정적 상호작용이 입금(긍정적 상호작용)보다 많다면 우리의 공동 통장은 곧 초과 인출될 것이다. 만약 그러한 패턴이 계속된다면 그 관계는 파산 상태가 된다. 그것이 바로 이혼이다. 입금보다 더 많은 출금을 경험한 파산된 관계인 것이다.

아이와 단단한 관계를 맺고 있는 부모들은 일상 속에서 출금보다는 입금을 더 많이 한다. 그럼에도 불구하고 아버지가 아이와 하루에 나누는 의미 있는 대화는 몇 분 정도 된다고 생각하는가? 만약 7분이라고 생각했다면 정답이다. 어머니들도 별반 다르지 않은 약 11분 정도이다. 만약 아이와 그보다 더 많은 시간을 보낸다면 자신의 등을 두드리며 칭찬해주기 바란다.

무엇이 입금과 출금인지 누가 결정하는 걸까? 만약 받는 사람이라고 생각했다면 정답이다. 그렇기 때문에 아이를 진정으로 아는 부모만이 아이가 무엇을 긍정적으로 무엇을 부정적으로 느끼는지 알 수 있다. 또한 대부분의 사람들이 입금이라고 생각하는 몇 가지 것들이 있다. 예를 들어 서로에 대한 예의, 의미 있는 활동을 같이 하는 즐거운 시간, 학교 행사나 과외 활동 참여, 믿을 수 있는 관계 설정, 잘 한 일에 대한 칭찬하기 그리고 아이의 말을 잘 들어 주는 것 등이 여기에 해당한다. 훌륭한 부모가 된다는 것은 말하기보다는 들어주는 것이며 부모의 관점을 아이에게 설득하느라 아이의 관점을 간과하지 않는 것이다.[4]

> 탄탄한 부부관계에서 일상적인 긍정 대 부정의 상호 작용은 최소한 5대 1이다.[5]

다음은 실화이다. 남편과 나는 조지아 주 애틀랜타의 한 지역 레스토랑에서 저녁을 먹다가 근처 테이블에 앉아 있는 4인 가족이 눈에 들어왔다. 아버지, 어머니와 두 십대 아들로 구성된 가족이었다. 나는 한 시간 정도 식사를 하면서 이 가족이 레스토랑에 있던 시간 전체를 통틀어 서로에게 몇 마디 밖에 하지 않는 것을 보았다. 아버지는 신문을 읽고 있었고 어머니는 허공을 보면서 먹었고 아들 하나는 이어폰을 귀에 꽂고 노래를 듣고 있었고 다른 아들은 먹으면서 문자를 보내고 있었다. 나는 혼자서, "이게 우리 시대의 모습이구나"라고 생각했다. 이 가족은 십대 아들들의 인생에서 어떤 일이 일어나고 있는지, 어떤 친구를 사귀는지, 학교는 어떤지 또는 미래에 대한 꿈은 뭔지 얘기하고 들을 수 있는 최고의 기회를 잃었다. 이런 대화는 시작되지 않았다. 모두들 자신의 일에 정신이 빠져있었다.

십대들이 인터넷에서 생면부지의 사람들과 시간을 보내는 것도 놀라운 일은 아니지 않을까? 인간 뇌의 다섯 가지 기본 욕구 중 하나는 소속감을 갖는 것, 대화를 나누고 들어 줄 사람을 갖는 것이다. 문제는 그 사람이 낯선 사람이라면 대화가 위험한 만남으로 이어질 수 있다는 점이다. 아이들과 함께하는 소중한 시간을 갖자. 의미 있는 관계를 위한 중요한 투자가 될 것이다.

많은 부모들은 시간을 물건(옷, 장난감, 전자기기 등)으로 대체하려고 하며 물질적인 것들로 아이들이 행복해질 것이라고 생각한다. 일시적으로 물건에 의해 행복해 질 수 있으나, 그 행복은 금방 사라질 것이다! 이 세상에서 가장 불행한 사람들에게 가장 많은 돈과 가장 많은 소유물이 있다는 것을 아는가? 아마도 자신이 가지고 있는 어린 시절의 가장 행복했던 기억은 받은 물건에 대한 것이 아니라 자신의 인생에서 중요한 사람과 함께 보낸 시간일 것이다.

우선순위를 정하자! 가족과 함께 보낼 시간을 만들자. 나는 생을 마감하면서 한자리에 모인 사랑하는 사람들에게 "사무실에서 시간을 더 보냈으면 좋았을 텐데!"라고 말하는 사람은 없을 것이라고 생각한다. 대부분 회사 일 때문에 가족과 친구들과 시간을 보내지 못한 것을 후회한다! 당신이 아이들에 대해 얼마나 관심이 있는지 아이들이 알 때까지 아이들은 당신의 말에 관심이 없다는 것을 기억하자!

■ 어떻게 할 수 있을까?

○ 가족 구성원들의 통장에 출금보다 입금을 더 많이 하자. 부정적인 상호작용을 할 때마다 다섯 번에서 열 번의 긍정적인 상호작용이 필요하다. 다시 말해서, 아이에게 득이 되라고 한

소리 할 때마다 다섯 번에서 열 번 정도 아이가 얼마나 특별한지 말하고 보여줘야 한다. 내 남편이 우리 딸 제시카의 감정통장에 큰 입금을 했던 때를 잊지 못한다. 제시카의 졸업반 무도회 파트너가 마지막 순간에 병이 나서 같이 갈 수 없게 됐다. 다른 파트너를 구할 시간이 없다는 것을 알았기 때문에 무도회 날 아빠가 제시카에게 애틀랜타의 최고 레스토랑에서 같이 저녁 식사를 하자고 초대했다. 남편은 세차도 하고 딸에게 줄 손목 코사지도 구입했다. 저녁을 먹고 남편은 제시카를 무도회장에 데려다줬고 딸아이는 친구의 차를 타고 집으로 돌아왔다. 제시카와 남편은 둘이 함께 보냈던 특별한 저녁을 잊지 못한다! 두 사람의 통장에 이 얼마나 좋은 입금인가! 그 중요한 입금만으로 이 후 제시카가 대학에 입학해서 집을 떠났을 때 아버지와의 연락이 늘었다.

○ 가능할 때마다 가족과 식사를 하자. 아이와 부모가 서로 음식을 준비하고, 식탁을 차리고, 음식을 치울 때 함께 서로 도울 수 있도록 하자. 가족 구성원이 각자 하나씩 맡은 일을 갖는다면 모두에게 더 쉬운 경험이 될 것이다. 이번 주에 아이가 맡은 일이 수저를 놓는 것이었다면 다음 주는 설거지통에 그릇을 가져다 놓는 일을 맡아도 될 것이다. 저녁이 중요한 것이

아니라, 식탁에서 서로 대화하며 소중한 시간을 갖는 것이 가장 중요하다! 실제로, 내셔널 메리트 장학생 결승진출자들을 서로 비교해 보았더니 이들의 가장 두드러진 공통적인 특징은 가족과 저녁 식사를 하면서 매일 대화를 한다는 점이었다.

　○ 일, 교회 또는 학교나 과외 활동으로 가족들이 함께 저녁을 할 수 없다면, 아이들과 관계를 쌓을 수 있는 시간을 만들자. 이런 대화를 가질 수 있는 이상적인 시간은 차로 이동할 때이다. 라디오와 DVD 플레이어를 끄고 아이에게 전화기 벨소리를 낮추도록 한 다음 차안에서 얘기해 보자. 학교생활, 친구들, 꿈과 단기 그리고 장기적인 목표에 대해서 물어보고 자신이 원하는 것을 자유롭게 얘기할 수 있도록 하자. 꼭 기억할 것은 부모가 말 한 만큼, 아이의 얘기도 그 만큼 – 어쩌면 더 오래 들어줘야 한다는 것이다!

　○ 일주일 중 하루 밤을 **가족의 밤**으로 정하자. 이 날을 중요하게 여기고 가족 모두 그 어떤 것이 있더라도 이 시간을 꼭 지키도록 하자. 그리고 가족 모두가 할 수 있는 일, 예를 들어 레스토랑에서 가족 식사, 팝콘 먹으면서 영화보기, 볼링 한판 등을 계획하자. 가족이 집에서 비디오를 보면서 보낼 수도 있을

것이다. 이때 각자 차례대로 돌아가면서 비디오를 선택해 보
자. 또는 모노폴리, 스크레블 또는 타부와 같은 보드게임을 해
볼 수도 있을 것이다. 우리 가족이 모두 한 집에 살 때, 금요일
밤은 우리가 게임을 하는 밤이었다. 금요일 밤에는 아이들이
숙제를 모두 끝마칠 필요가 없었고, 남편과 나도 직장에서 늦
게 회의를 잡지 않고 가족과 함께 할 수 있도록 애썼다. 우리는
게임을 하면서 즐거운 시간을 가졌다! 내가 박사학위를 위해
공부를 시작하면서 게임의 밤을 예전처럼 자주 가질 수 없었
는데 8살짜리 아들이 "엄마, 우리 이제는 왜 게임 안 해요?"라
고 물을 때까지 나는 아이들이 게임의 밤을 얼마나 좋아하는
지 깨닫지 못했다. 아이들이 모두 성장한 지금도 우리는 그 시
간을 참 소중하게 여기며 우리를 찾아 올 때면 게임을 하곤 한
다. 내 딸들과 사위들 그리고 나는 스크레블 게임을 아주 열성
적으로 한다. 남편과 나는 백개먼(서양주사위 놀이)을 하고 남
편과 그의 동생 그레그는 체스도 한다.

○ 보드와 카드 게임은 심지어 부모들에게 좋은 것이기도 하
다. 80세 넘어까지 장수하는 비결 10가지 중 하나이기 때문이
다.[7] 이제 나이가 들어 게임을 하지 않는 것이 아니라 게임을
하지 않기 때문에 나이가 드는 것이라는 것을 기억하자. 게임

을 하면 사회적인 상호작용을 할 수 있으며 더 높은 수준의 사고와 많은 즐거움을 얻을 수 있다!

○ 아이들과 주기적으로 데이트를 하자. 아이가 하나 이상이라면 각각 따로 데이트를 하자. 심지어 쌍둥이라도 아이들은 모두 다르기 때문에 데이트 날 아이가 엄마 또는 아빠와 하고 싶은 것을 정할 수 있도록 해주자. 그리고 각 아이와의 시간을 즐겁게 보내고 부모가 자신에게 시간을 할애한 만큼 특별한 시간을 가질 수 있도록 해주자.

○ 배우자와도 데이트를 하자. 남편과 나는 30년 동안 부부로 살았는데 우리는 아직도 데이트를 한다. 나는 출장이 잦기 때문에 우리는 주말에 서로 함께 보낼 시간을 미리 정해 놓는다. 데이트는 좋은 레스토랑에서 식사를 할 수도 있고 집에서 간식을 하면서 TV에서 중계해 주는 운동 경기를 함께 보는 것처럼 간단한 것일 수도 있다. 사실 남편과 결혼하기 전까지는 미식축구를 좋아하지 않았지만, 지금은 내가 가장 좋아하는 스포츠 중에 하나이다. 우리는 팰컨즈 경기의 시즌 티켓을 사놓고 우리 딸 제니퍼, 사위 렉스 그리고 손녀 에이든과 함께 관람하러 간다.

○ 부모가 자신을 위해 있다는 것을 아이에게 알리고 만약

문제가 있다면 부모에게 말해도 된다는 것을 알리자. 그리고 아이가 문제를 가지고 왔을 때 진정으로 아이와 함께 해주자. 모든 일, 집안일, 핸드폰을 치워두고 진정으로 듣자! 처음에는 적극적으로 들으면서 문제를 이해하려고 노력하자. 설명을 듣기 위해 질문을 할 수는 있지만 문제가 수반하고 있는 것이 무엇인지 확실해지고 이 일을 어떻게 해결했으면 좋겠는지 아이의 의견을 들어보기 전까지는 절대로 문제를 해결해주려고 하지 말아야 한다. 함께 노력해서 해결책을 찾아야 한다.

한 부모 가정이라면, 아이에게 긍정적인 남성 또는 여성 롤모델을 만들어줘야 할 수도 있다. 빅 브라더와 빅 시스터 조직에서 아들의 인생에 긍정적인 변화를 만들 수 있는 남성 또는 딸의 인생에 긍정적인 변화를 일으킬 수 있는 여성을 찾을 수 있을 것이다. 남성상 없이 세상을 긍정적으로 받아들이는 남자 아이들

가장 행복하고 건강한 청소년은 문제가 생겼을 때 함께 대화할 수 있고 아이를 훈육하기 위해서가 아니라 안내하기 위해서 영향력을 행사하는 부모 밑에서 자란 아이들이다.[8]

도 있지만 다양한 학문적 연구를 통해 남자 아이에게 긍정적인 남성 롤모델이 필요하다는 연구가 계속 나오고 있다.[9]

○ 기업들은 기업 목표를 갖고 있으며 일부 사람들 또한 그러하다. 10여 년 전쯤 나는 나의 사명을 만들었다. 아이들이 과제나 일에 대해 이해할 정도로 철이 들면, 모아 놓고 가족이 함께 가족의 사명을 써보는 것은 어떨까? 이 사명은 보편적인 원리를 기반으로 해야 하며 자기 가족의 의미와 사회에 어떻게 기여하고 싶은지가 포함되어 있어야 할 것이다. 성공하는 사람들의 7가지 습관에서 스티븐 코비는 이 작업을 설명하면서 사명 정하는 방법과 몇 가지 예를 보여주고 있다. 내가 성공하는 사람들의 7가지 습관 과정을 교육했을 때, 반 전체에 준 과제 중 하나가 바로 개인의 사명을 써오는 것이었다. 여러해 전에 한 선생님은 광고 스티커를 인용해서 자신의 사명을 한 문장으로 표현했다. 나는 지금 우리 집 강아지가 나라고 생각하는 그런 사람이 되고 싶다. 어떤 의미인지 충분히 알 수 있을 것이다!

○ 가족회의를 주기적으로 계획해 보자. 한 달에 한번 정도 가족 모두 모여 지난달에 가족이 성취한 것과 힘들었던 점을 함께 나눠보자. 자신의 의견을 말할 수 있을 정도가 된 아이의

의견을 들어주고 논의에 함께 포함시켜줘야 한다. 만약 가족의 사명을 작성했다면 이 시간은 가족의 목표를 얼마나 달성했는지 알아보는 좋은 시간이 될 것이다.

아이 안아주고 사랑하기

뇌는 사회적이며 몸은 스킨십과 함께 성장하므로
어린 아이를 많이 안아줘야 한다.

−스프렝어(Sprenger, 2008)

■ 무엇을 뜻하는가?

프리츠 멘거츠라는 뇌 컨설턴트가 자신의 손자를 보육사들이
안아주고 놀아주는 어린이집과 학습을 최우선으로 여기는 어
린이집 중에서 하나에 보내야 한다면 자신에게 선택이 그다지
어렵지 않다는 얘기를 하는 것을 들은 적이 있다. 그는 손자를
언제나 첫 번째 곳에 맡길 것이고 했다. 어쨌든, 세상에는 똑
똑하지만 정상적이지 않은 사람이 너무 많다. 뇌가 잘 자라려
면 돌봐줘야 한다. 아이들은 다양한 긍정적 상호작용이 있는
환경에서 잘 성장한다. 실제로 촉각, 미각, 후각, 청각, 시각에
의해 아기가 더 많은 자극을 받을수록 뇌의 발달도 빠르다.[1]

반대의 경우도 마찬가지다. 다른 사람에게 잔인무도한 일을 해 놓고 양심의 가책을 받거나 공감하지 못하는 사람들을 나는 이해하지 못했었다. 이제 그들도 공감을 많이 받지 못 했기 때문에 그럴 수도 있다는 사실을 안다. 긍정적인 방법으로 만져주고 안아주고 흔들어주지 않았고 자신이 중요한 존재라는 사실을 듣지 못했던 사람들은 건강한 뇌에서처럼 공감능력이나 동정심이 자라지 못한다. 촉각은 최적의 건강을 위한 기본적인 요건이기 때문에 스킨십이 부족했던 동물과 인간의 아기들 모두 정상적으로 발달하지 못 한다.[2] 실제로, 태어날 때 아기의 뇌는 사분의 일만이 발달되어 있다. 태어나서부터 아이에게 우유를 주고, 안아주고, 놀아주고, 노래해 주고, 책을 읽어 줄 때 나머지 75%가 발달된다. 테드 번디 또는 리처드 라미레즈와 같은 연쇄 살인범의 개인사를 들여다보면 대부분 성장 초기, 공감하는 능력이 형성될 때, 이들이 언어적 그리고/또는

공감 또는 타인에 대한 배려는 아기가 가장 최초로 보이는 감정이므로 뇌에 이미 갖춰져 있을 수 있다.[3]

 제1부 인생에서 성공하는 아이로 키우는 방법

육체적으로 학대를 받았다는 공통점이 있다.

이 비유를 생각해 보자. 투견이 되기 위해 조련되는 핏불테리어와 여타 개들에게 어떤 일이 일어날까? 모두 자신이 믿는 사람에게 언어적 그리고 육체적으로 학대받는다. 그 때문에 너무 화가 난 개들은 죽을 때까지 싸운다. 그렇다면 인간에게 다른 점이 있을까? 많은 아이들이 대립하고 화가 난 상태로 학교에 오고 있는데 이런 감정의 일부는 집에서 보살핌이 부족하기 때문일 수 있다.

내 얘기를 해보겠다. 내 두 딸은 내가 낳은 아이들이다. 우리 아들, 크리스토퍼는 입양을 했다. 태어나서 거의 일 년 동안 크리스토퍼는 위탁 가정에서 자랐고 나이든 위탁모는 먹이고 씻기는 것 외에는 거의 돌봐주지 않았다. 아이에게 얘기해주고, 책을 읽어주고, 안아주고, 살살 흔들어 주는 사람이 없었다. 우리가 크리스토퍼를 입양했을 때, 아이가 학습을 하기에는 조금 부족한 부분이 있다는 것을 발견했고 더 채워주려고 노력했다. 언어 능력 발달이 늦었고 아데노이드(인두편도)가 청력의 20%를 막고 있었다. 자라면서 아이는 주의력결핍장애(ADD)의 증상도 보였다. 처음부터 보살핌을 잘 받았더라도 이런 증상이 있었을지는 알 수 없지만, 사랑을 많이 받고 많이 안아주고 대화도 많이 하고 계속적인 관심을 받으면서 아들은 수많은 결핍을 이겨내고 성장할 수 있었다. 적극적인 관심을 보이는 부모와 주 보호자와의 애착 형성을 통해 태어나면서 아이에게 형성되는 공포, 분노 및 분리 시스템은 통제될 수 있다고 한다.[4]

아마도 고아원에서 우유를 먹여주고 기저귀는 갈아주지만 만지거나, 안아주지는 않았던 아기들에 관한 연구를 듣거나 읽어 본 적이 있을 것이다. 연구에 의하면 이 아기들은 개인적인 관심을 받은 아기들과는 달리 잘 자라지 못했다.

만약 이 책을 읽고 난 후 아무런 행동 계획을 수행하지 않더라도 자신의 아이를 안아주고 사랑하는 것만은 계속 해주길 바란다. 인간의 손길은 건강한 뇌발달을 촉진시킨다. 뉴런망 또는 뇌세포망은 우리의 감각을 통한 경험으로 성장하고 학습 패턴을 형성하기 시작한다.[5] 그러나 아이들이 조부모나 보모 같은 사람들에게 받는 사랑은 별로 중요하지 않다. 아이들은 다른 무엇보다도 부모가 자신을 사랑하고 있다는 것을 알아야 한다.[6]

■ 어떻게 할 수 있을까?

○ 신생아 때부터 포옹해주고, 안아주고, 살살 흔들어 주고 사랑해주자. 아이의 유아기에 계속해서 이것을 실행해야 한다. 이렇게 해주면 아이에게 안정을 줄 뿐만 아니라 아이의 뇌가 건강하게 발달하는데 도움이 된다. 더불어, 접촉이 별로 없어서 중요한 감정적 단계에 오르지 못하는 아기들은 말하기와 읽기에 어려움을 겪을 수 있으며 이후에 성공적인 학교생활을 하는 것도 어려울 수 있다.[8]

○ 아이가 성장하면서 긍정적인 상호작용에 대한 욕구는 계속된다. 그러나 좀 다른 형태의 상호작용을 해야 한다. 아이가 좀 자라면 하이파이브를 하거나, 등을 두드려주거나 다른 형태로 애정을 표현해야 한다. 이렇게 하면 아이와의 관계가 달라질 것이다.

○ 아이와 부모만이 알 수 있는 서로에 대한 사랑의 표시를 만들어 보자. 아이를 학교에 대려다 줄 때나 운동 경기에 데리고 갈 때와 같이 하루 중 특정한 시간에 사용해 보자. 예를 들어, 예전에 〈캐럴 버넷 쇼〉라는 버라이어티 쇼가 있었는데 쇼가 끝날 때마다 주인공인 캐럴 버넷이 '굿 나이트'라고 말하면서 자기 귀를 잡아 당겼다. 이 행동은 매일 방송을 시청하시는 할머니께 그녀만의 방식으로 사랑한다고 말하는 것이었다.

○ 정신건강 전문가들에 의하면, 사람은 성공하기 위해서 매일 약 12번의 긍정적인 상호작용이 필요하며, 현재의 상태를 유지하기 위해서는 8번 그리고 생존하기 위해서는 4번의 긍정적 상호작용이 필요하다고 한다. 긍정적인 상호작용이란 미소, 포옹, 악수, 하이파이브, 사랑한다는 말 그리고 칭찬 등이 있다. 등교하기 전 단 한 번의 긍정적인 상호작용도 하지 못한 모든 아이들을 생각해 보자. 아무도 "안녕!"이라고 인사하지 않거나 "좋은 하루 보내"라고 말하지 않는다. 그렇게 학교에 가면 거기서도 긍정적인 상호작용 없이 하루를 보낼 수 있고 집에 돌아와서도 여전히 상호작용이 없다. 소아 우울증이 증가할 만도 하다!

○ 아이의 훈육을 부모가 아이에게 화가 났을 때 하는 것은 가장 좋지 않다. 상승된 분노는 뇌에 위협이 된다. 뇌가 위협을 받으면 생존 모드로 바뀌고 고차원의 사고를 하는 곳에서 혈액이 하강한다. 이때 사람들은 이성적인 판단을 할 수 없고 이 상태가 아니었으면 절대로 하지 않을 말과 행동을 하게 된다. 부적절한 행동에 부정적으로 반응하는 것에 대한 추가 정보는 10장을 참고 하면 좋겠다.

○ 아이에게 화가 났을 때, 성공하는 사람들의 7가지 습관의 첫 번째 습관을 기억하자. 능동적으로 행동하며 반응적으로 행동하지 않는다.[9] 아이가 버릇없이 굴 때, 능동적인 부모는 잠시 동안 멈추어서 버릇없는 행동과 자신의 반응에 시간을 둔다. 이 시간에 자신의 원칙에 따라 잘못된 행동을 어떻게 처리할지 결정한다. 반응적인 부모는 즉각적으로 반응을 보이며 앞에서 논의된 이유로 인하여 좋은 대응을 하지 못한다.

○ 아이의 옷이나 팔을 잡아당긴다던지, 아이를 밀치거나, 움켜잡거나 때리는 등의 모든 부정적인 접촉을 피한다. 이러한 부정적인 상호작용은 너무 많이 사용하면 부모 자식의 관계를 망가뜨릴 수 있으며 부모의 행동에 복수를 하려는 분노에 찬

아이로 만들 수 있다.

○ 아이와 함께 있을 때 감정을 통제하기 힘든 상황이 오면 이 말을 기억하자. 당신을 분노하게 하는 자가 당신을 지배한다. 나는 부모를 화나게 하기 위해서 아이들이 의도적으로 말이나 행동을 하는 것을 보았다. 평정을 유지하자! 그런 일에 화를 내지 말고 잠시 멈추자! 한 선생님이 언젠가 이런 말을 했다. "염소를 어디에 매어 놓았는지 모르면 염소를 가질 수 없다."

아이에게 안정된 환경 만들어 주기

점차적으로 느려지는 음악은 그만큼의
뇌를 편안하게 해주는 효과가 있다.

−에르로워(Erlauer, 2003)

■ 무엇을 뜻하는가?

약 10년 전 나는 남편과 함께 새 집을 산지 얼마 되지 않은 좋은 친구 집에서 함께 저녁 식사를 한 적이 있었다. 그 집의 다이닝 룸은 크랜베리 레드 색상으로 페인트칠 되어 있었고 우리는 아름답고 강렬한 환경에서 식사를 했다. 우리 부부는 그 색깔이 너무 좋아서 우리 집 가족실을 똑같은 색으로 칠하기로 했다. 정말 좋지 않은 결정이었다! 우리 집 가족실의 벽과 천장은 매우 높았고 이렇게 역동적인 색상을 칠해 놓으니 한 때 가족에게 평화를 주는 오아시스와 같았던 곳이 너무 감당하기 어려운 곳이 되었다. 얼마 지나지 않아 가족실에서 지내는 시간이 점점 줄어들었다. 심지어 아이들도 피하기 시작했다! 당연히 다시 칠을 해야 했다.

이 사건은 내가 색깔, 음악, 조명, 아로마 및 앉는 자리가 뇌에 미치는 영향을 배우기 전에 일어난 일이었다. 5년여 전에 우리 가족은 집을 짓게 되었고 나는 내가 배운 이 요소들을 실생활에 적용할 수 있도록 건축업자와 함께 노력했다. 현재 우리 집은 아주 뇌에 좋은 환경이어서 방문하는 손님들이 정말 평화로운 곳이라고 종종 얘기한다. 앞서 말한 요소들이 뇌에 어떤 영향을 미치는지 알아보고 이 정보를 이용하여 자신의 집을 아이들뿐만 아니라 자신의 뇌에도 좋은 환경으로 만들려면 어떻게 해야 하는지 알아보자. 본격적으로 시작하기 전에 먼저 뇌에 좋은 환경으로 바꾸면 사람들이 집에 놀러왔을 때 너무 편해서 더 오랫동안 있다간다는 단점이 있다는 것을 경고해 두어야 할 것 같다!

색깔

실제 세상을 바라보면 쉽게 평화로운 색상과 에너지가 높은 색상을 상기할 수 있다. 만약 인간이 자연친화적으로 살도록 만들어졌다면 우리 뇌에 가장 평화를 주는 색상은 자연의 색상 아닐까? 예를 들어, 고요한 색상으로는 파랑색(하늘같은), 녹색(잔디같은) 그리고 갈색(대지 또는 모래같은)이 있다. 신생아의 방을 꾸미거나 십대들을 위한 자기 공간을 만들어 줄 때 염두에 두자. 큰 차이가 있을 것이다! 지금 우리 집 벽은 모두 대지의 색깔 톤(여러 가지 베이지와 브라운 색상)으로 페인트 칠했는데 모두들 너무 좋아한다!

에너지가 넘치는 색상은 KFC, 매도널드 또는 피자헛과 같은 패스트푸드점의 간판 색상을 생각하면 되고 대부분 빨강, 오렌지 그리고 진한 노란색으로 되어 있다는 것을 기억하자. 생각해 보면 기상도도 마찬가지다. 빨강색은 폭풍이 가장 심한 지역을 표시한다. 폭풍이 심한 곳에서 점점 멀어지면서 기

뇌에 색상이 미치는 영향은 우리의 성격과 그 때의 마음 상태에 달려 있다. 아주 불안하고 스트레스를 많이 받은 사람은 빨강색을 보았을 때 더 폭력적으로 행동할 수 있으나 느긋한 사람은 똑같은 빨강색으로 인해 긍정적인 감정이 일어날 수 있다.[1]

상도도 좀 더 평온한 색상, 즉, 노랑, 녹색 또는 파랑색으로 변한다. 고에너지 색상에 자연의 모습도 반영되어 있다. 가을에 단풍이 드는 것을 예로 들 수 있다. 고에너지 환경을 원한다면 이런 색상을 사용하면 된다.

음악

음악은 뇌에 믿기 어려울 정도의 영향을 미친다! 음악으로 너무 활동적인 아이를 진정시킬 수 있고 화가 난 아이의 화를 누그러트릴 수 있다. 또한, 자폐증이 있는 뇌의 대뇌 피질이 반응을 하는 유일한 순간은 음악을 들을 때이다. 워크숍에 참석하셨던 어떤 할머니께서 해주신 이야기다. 이분의 손녀는 뇌에 손상을 입은 채 태어났고 딸과 사위는 의사로부터 정상적인 아이가 특정한 나이에 거치는 발달 단계에 정상적으로 도달하기 어려울 것이라는 말을 들었다. 아이의 부모는 음악의 힘을 믿었고 기타를 연주 할 줄 알던 아이 아빠는 계속 아이에게 노래를 불러줬다. 엄마와 아빠는 항상 아이에게 음악을 들려주었다. 이 이야기를 내게 했을 때, 손녀는 유치원에 다니고 있었고 의사가 예상했던 것보다 훨씬 잘 지내고 있었다. 뇌가 성취할 수 있는 것을 절대로 과소평가하지 말자! 수술 후 회복실에서도 치유 과정을 촉진하기 위해 음악을 틀어 놓는다.

음악은 말 그대로 인간 뇌의 상태를 변화시킨다. 텔레비전과 영화감독들은 이 사실을 이미 알고 있다. 너무나 가슴 아픈 장면에서 적절하게 감상적인 음악이 흘러서 눈물이 났던 적이 여러 번 있을 것이다. 반대로, 영화 속의 음악 때문에 충전된 느낌을 받은 적도 있을 것이다. 로키 영화의 테마 음악이나 프로 미식축구나 야구 경기 때 흐르는 음악을 생각해 보자. 영화 〈죠스〉에서 상어가 나올 때 흐르던 음악은 쉽게 잊혀지지 않는다. 음악이 나올 때마다 상어도 나오기 때문에 상어가 등장하는 것을 더 긴장감을 갖고 보게 되는 것이다! 그렇다면, 음악이 뇌에서 만들 수 있는 다른 상태를 생각해 보자.

음악의 템포, 또는 1분 동안의 비트는 아이의 무드 또는 감정을 결정하는 두 가지 요소인 호흡과 심장박동에 영향을 미친다.[2] 1분에 50에서 70의 비트 범위를 가진 음악은 인간의 심장박동과 일치하며 뇌를 안정시킨다. "음악은 황량한 마음도 진정시킨다"는 속담을 모두 들어 본 적이 있을 것이다. 이런 종류의 음악으로는 클래식(특히 바로크 시대의 음악), 뉴에이지, 부드러운 재즈, 켈틱, 아메리칸 원주민 음악 그리고 자연의 소리 등을 들 수 있다. 일반적인 알람시계의 성가신 소음이 아닌

바위 위로 물 흐르는 소리나 새들이 지저귀는 소리 같은 자연의 편안한 소리를 들으면서 일어날 수 있도록 현재 자명종을 개발 중에 있다. 문제는 이 소리가 너무 편안해서 사람들이 깨지 않고 계속 잔다는 것이다!

1분당 약 110에서 160 비트의 음악은 완전히 다른 영향을 미친다. 몸이 빨라진 속도에 맞춰지면서 힘이 솟고 활기가 넘친다. 사람들은 손뼉을 치거나 손가락으로 소리를 내고 비트에 맞추어 몸을 흔든다. 이런 부류의 음악으로는 살사 음악, 리듬 앤 블루스(R&B), 록앤롤 또는 빠른 박자의 컨트리 음악이 있다. 그럼 문제를 하나 내어 보겠다. 컨트리 음악을 거꾸로 부르면 어떻게 될까? 아내를 다시 얻고 일자리를 다시 얻고 집을 다시 얻는다. (미국의 넌센스 퀴즈 같은 것으로 컨트리송 가사의 대부분이 집도 잃고, 아내도 떠나고, 직장도 잃었다는 내용이므로 거꾸로 부른다면 다시 모두 찾을 것이라는 내용 – 역자 주)

내 남편은 재즈를 좋아해서 집안에는 언제나 재즈가 흐른다. 나는 내 기분에 따라 여러가지 음악을 좋아하지만 내가 가장 좋아하는 피아니스트는 에밀 팬돌피이다. 팬돌피는 영화 음악이나 브로드웨이 음악과 같은 대중음악을 자주 연주하지만 그

곡을 클래식 피아니스트로서 연주한다. 그의 음악을 들으면 내 스트레스는 사라지고 나의 뇌는 행복함을 느낀다. 이장의 다음 섹션에 그의 추천 CD 목록을 수록하였다.

음악은 근육 및 분자 에너지를 증가시킬 수 있는 잠재력이 있으며 심장박동에 영향을 미치고 고통과 스트레스를 낮추며 치유를 촉진하고 피곤함을 풀어주고 창의력과 사고력을 자극할 수 있는 잠재력이 있다.[3]

조명

뇌에 가장 좋지 않은 조명은 형광등이다. 형광등은 흥분한 아이를 더 흥분시킬 뿐만 아니라 간질성 발작 경향이 있는 사람들에게는 발작을 일으킬 수도 있다. 또한 편두통을 더 심하게 한다. 그렇다면 다들 이렇게 물을 것이다. 그럼 왜 학교에서는 모두 형광등을 사용하는가? 형광등이 최선의 선택은 아니지만 가장 비용 효율적인 조명이기 때문이다. 이게 진짜 이유다!

뇌에 가장 좋은 조명은, 아마도 모두 예상했겠지만, 자연 조

여러분 아이의 건강과 학습은 조명에 의해 영향을 받는다. 형광등에서는 코티졸 또는 스트레스 호르몬을 증가시켜 중추 신경계에 부정적으로 작용할 수 있는 깜빡거림과 윙윙거리는 소리가 난다.[4]

명 또는 햇살이다. 세상에는 6개월간 해가 떠 있고 6개월간 어둠으로 덮여 있는 곳들이 있다. 6개월의 어둠의 기간 동안, 우울증, 알코올중독 그리고 자살 사례가 증가한다. 해는 몸에서 우리의 정신적 육체적 건강을 위해 꼭 필요한 화학물질을 생성하도록 돕는다. 밤에 램프 조명, 촛불 그리고 벽난로의 매혹적인 불빛은 안정을 시키고 뇌를 긍정적인 상태로 만들어 주는 효과가 있다.

나는 건축업자에게 우리 집에는, 부엌조차도, 형광등을 쓰지 말아달라고 했다. 우리 집에는 창을 통해서 자연 조명을 받고 천정에는 매입형 조명을 달았다. 저녁때는 램프를 켜고 겨울에는 벽난로의 평온한 빛을 본다.

이런 요소들이 뇌에 미치는 영향을 더 자세히 보여주기 위해

> 뉴욕, 뉴저지, 코네티컷의 3개 주의 21,000명의 학생을 대상으로 한 연구에서, 빛이 잘 드는 교실에서 공부한 학생들은 빛이 덜 드는 반에서 공부한 학생들보다 수학 시험에서 20%, 읽기 시험에서는 26% 더 좋은 성적을 나타냈다.[5]

패스트푸드 음식점의 바쁜 분위기와 비싼 레스토랑의 환경을 비교해 보자. 후자에는 보통 촛불을 켜 놓는다. 조명이 너무 낮아서 메뉴를 읽기 힘들 때도 있다. 벽은 아마도 대지 색상 또는 진한 초록이나 적갈색의 요란하지 않은 색상일 것이다. 당신이 좋아하는 피아니스트의 음악이 흘러나오고 있을지도 모르겠다. 이것은 레스토랑 주인들이 고객이 즐거운 식사를 하고 다시 그 곳을 찾게 하려면 어떻게 해야 하는지 알기 때문이다.

아로마

아로마테라피는 대형 산업이다! 백화점이나 식료품가게 같은 공공장소에서 뇌를 특정한 방향으로 움직이기 위한 향을 개발하는 기업들도 있다. 마트에 있는 베이커리에서 하루 종일 빵을 굽거나, 집을 팔 때 부동산업자가 향을 사용해서 구매자들에게 더 매력적으로 보이게 하라고 조언하는 이유는 무엇일까?

안정을 주는 아로마로는 라벤더, 바닐라, 유칼립투스 그리고 카모마일이 있다. 이것들은 뇌를 안정시키고 편안함을 준다. 고에너지 아로마로는 시트러스(특히 레몬 또는 오렌지), 시나몬 그리고 페퍼민트가 있다. 이것들은 뇌를 더 민첩하게 하고 기대감을 준다. 한 연구에 의하면, 페퍼민트를 간헐적으로 투입 받은 후 뇌 손상환자들도 건강한 환자들만큼의 성적으로 집중력 시험을 치렀다고 한다.[6]

그러나 조심해서 사용해야 한다. 알레르기를 앓고 있는 사람들이 많이 있다. 그런 집에서는 아로마를 사용할 수 없다. 알레르기를 더 심각하게 하는 일은 하지 말아야 할 것이다. 우리 집에는 알레르기가 있는 사람이 없기 때문에 액체 향이 들어있는

인간의 후각은 차단 되지 않고, 여과 되지 않은 뇌로 가는 통로이다.[7]

플러그인이나 세라믹 단지를 사용하여 뇌를 위한 안정적인 상태와 고에너지 상태를 만든다. 또 차안에서도 아로마테라피를 사용한다. 차를 타고 여행을 갈 때, 필요에 따라 향을 사용하여 평온하거나 에너지를 만들 수 있다.

앉는 자리

우리 아이들이 학교를 다닐 때, 나는 공부와 숙제를 위해서 조명이 잘된 장소를 미련했었다. 그 곳에 책상과 나무 의자를 두었는데 맏딸 제니퍼는 그 곳이 집에서 가장 불편한 곳이라고 생각했다. 그래서 나에게 불평을 했지만 나는 숙제를 끝낼 때까지 자리를 뜨지 못하게 했다. 말할 필요도 없이, 숙제를 언제나 초스피드로 마쳤다. 수년이 흐른 후, 내가 뇌에 대한 연구를 하면서 나는 마음을 바꾸어 제니퍼와 약속을 하나 했다. 만약에 제니퍼가 숙제를 잘 마치면 어디에서 숙제할 지를 결정할 수 있도록 한 것이다. 우리 둘은 모두 원하는 것을 얻었고 제니퍼도 자신의 몫을 잘 했다.

많은 아이들이 공부를 할 때 여러 형태의 자리가 필요할 수 있다. 어떤 아이들은 자주 쉬거나 잠시 동안 서있어야 할 수도 있다. 이 책의 16장에 보면 움직임과 장기 기억력의 상관관계에 대한 연구를 볼 수 있을 것이다. 이 장을 읽은 후, 회사에서의 업무 내용을 생각하기 위해 일어서야 할 지도 모르겠다. 직업의 세계에서 실제적으로 사람들은 적극적으로 움직여야 한다. 자신의 자리에서 일어나지 못하도록 하는 상사는 아마도 없을 것이다.

■ 어떻게 할 수 있을까?

○ 신생아의 방 또는 아이의 방을 어떤 색으로 꾸밀지 결정할 때 색상이 주는 영향을 고려해야 한다. 안정적인 색상은 대부분 파스텔 톤으로 파랑색 또는 녹색이나 대지의 색상(베이지 또는 갈색)일 것이다. 에너지 넘치는 방의 벽은 빨강, 오렌지 또는 진한 노랑으로 하면 될 것이다. 아이가 같은 방에서 놀기도 하고 잠도 잘 것이라는 것을 생각하면서 꾸미자.

○ 아이와 함께 공부를 하다가 써야 할 것이 있다면 파랑색 펜을 사용해보자. 아이가 집중해야 하는 맞춤법이나 중요한 단어 같은 경우 빨강색으로 쓰자. 연구에 의하면 중요한 개념이나 단어에 다양한 색깔의 펜을 사용하면 기억력과 시각적 인식이 더 향상된다고 한다.[8]

○ 아이가 긴장을 풀거나 편안하게 있기를 원한다면, 편안한 음악을 틀어보자. 차를 타고 긴 여행을 할 때도 평온한 음악을 틀자. 아이가 떼를 쓰거나 "언제쯤 도착해요?"와 같은 짜증스러운 질문들이 많아지면 쉬거나 잠을 잘 수 있도록 해주자. 그럴 때 사용할 수 있는 음악으로는 클래식, 뉴에이지, 켈틱 그리고 아메리칸 원주민 음악을 들 수 있다. 피아니스트 에밀 팬돌피의 음악 중 내가 가장 좋아하는 CD로는 '바이 리퀘스트', '언 어페어 투 리멤버' 그리고 '더 데이즈 오브 와인 앤드 로즈스'가 있다. 온라인에서 쉽게 그의 CD를 살 수 있다.

○ 아이가 수학 문제나 과학 숙제를 풀 때, 배경으로 안정적인 음악을 조용하게 틀어보자. 하지만 뭔가 외우려고 할 때, 음악 때문에 집중을 못 한다면 이 방법은 쓰지 않는 게 좋다.

○ 집 청소 또는 세차와 같은 힘든 일을 할 때는, 고에너지 음악을 틀어 놓고 아이가 들으면서 일을 할 수 있도록 해주자. 몸은 들려오는 음악 소리에 맞춰지는 경향이 있다. 록앤롤, 살사, 리듬 & 블루스, 긍정적인 랩 또는 빠른 템포의 컨트리 음악은 몸을 들썩이게 할 것이며 하던 일을 더 쉽게 할 수 있을 것이다.

○ 이장의 앞부분에서 이유를 모두 언급했듯이 형광등은 가장 나쁜 조명이다. 대부분의 집에는 부엌에만 형광등이 있지만, 만약 여러분의 집에 형광등이 설치된 곳이 여럿 있다면 일부 또는 전부 사용하지 않았으면 한다. 채도가 낮은 조명은 안정적인 분위기를 만든다. 그러나 아이가 숙제를 하거나 책을 읽는다면 충분한 조명을 주어서 잘 마무리 지을 수 있도록 해야 한다.

○ 어떤 아이들은 체내 비타민 D의 양이 너무나 적어서 의사에게서 보충제를 처방받기도 한다. 비타민 D의 가장 좋은 공급원은 햇살이다. 자연광은 뇌와 체내의 집중도, 에너지 레벨, 기분에 긍정적인 영향을 미치며 이것은 학습에 영향을 미친다. 아이를 야외로 데리고 나가 놀거나 산책을 즐기고 체내에서 비타민 D가 생성될 수 있도록 하자. 일주일에 두 번 만이라도 한다면 도움이 될 것이다.

○ 베드, 배스 앤 비욘드, 양키 캔들, 또는 비슷한 가게에서 아로마를 선택해보자. 내가 좋아하는 것을 다른 사람은 싫어할 수 있다. 자신이 고른 향을 집이나 차의 적절한 곳에 배치해 놓고 가족의 뇌가 어떻게 변화하는지 관찰해보자. 라벤더, 바닐라, 유칼립투스 또는 카모마일을 사용하여 뇌를 안정시키고

시트러스(특히 레몬 또는 오렌지), 페퍼민트 또는 시나몬을 사용하여 기분이나 집중도를 변화시키고 뇌가 더 민감해 지도록 하자. 나는 글을 쓸 때 오렌지 아로마를 사용하는 것을 좋아한다. 그러면 사고력이 더 높아진다! 많은 사람들이 알레르기를 앓고 있으니 조심하자. 가족 누군가의 알레르기를 일으킬 위험이 있다면 아로마테라피를 사용해서는 안 된다.

○ 아이의 집중력 지속 시간은 대략적으로 아이의 나이와 같다.[9] 그렇기 때문에, 10살짜리의 집중력이 지속되는 시간은 10분이며, 16살짜리는 16분이다. 하지만 나이가 85살이 되어도 집중력 지속 시간은 85분동안 지속되지는 않는다! 성인의 뇌라도 의식적으로 집중할 수 있는 가장 오랜 시간은 20분이다. 아이가 숙제를 하는데 시간이 오래 걸리고 가만히 있지 못하면 중간에 잠깐씩 쉴 수 있도록 해주자. 하지만 아이가 재미있어 하고, 몰두해 있고 즐기고 있다면 휴식을 취할 필요는 없다. 아이들이 2시간짜리 영화나 끈임없이 비디오 게임을 할 수 있는 이유가 바로 이것이다.

아이의 뇌 건강 지키기

끝을 생각하면서 시작하자.

—코비(Covey), 2004

■ 무엇을 뜻하는가?

학교와 인생에서의 성공은 태어나면서부터 시작되지 않는다. 태어나기 전부터 시작된다. 앞으로 부모가 될 우리가 자식들에게 건강하고 행복하게 자랄 수 있는 가장 좋은 기회를 주어야 하며 연구에 의하면 특별한 노력을 통해 뇌에서 이런 목표를 성취할 수 있는 기회를 만들 수 있다고 한다. 실제로, 식습관이 인간의 뇌 활동에 미치는 영향이 10%에서 65%에까지 이른다고 한다.[1] 그렇다면 아기 때의 건강뿐만 아니라 장수까지 할 수 있는 확실한 방법들을 살펴보도록 하자.

적절한 영양과 수분 섭취

200년 만에 처음으로 미국 아이들의 평균 수명이 자신의 부모세대 보다 더 짧아졌다.[2] 왜 그럴까? 한 가지 이유는 비만이다! 아이들은 너무 많이 먹거나 뇌와 몸을 발달시키는데 꼭 필요한 올바른 식습관을 갖고 있지 않다. 뇌는 많은 것을 요구하는 신체 기관이다. 뇌는 우리 몸무게의 2%를 차지하지만 신체의 다른 어떤 부분보다 8배에서 10배 더 많은 산소와 포도당(글루코오스)을 필요로 한다. 간이나 근육처럼 뇌는 앞으로 쓸 에너지를 축적해 놓을 수 없기 때문에 몸에서 필요한 영양을 공급해주지 않으면 제일 먼저 타격을 입게 되고 학습과 기억력이 떨어진다.[3]

대략적으로 영양을 생각한다면 기름기 없는 단백질, 매우 적은 양의 지방, 약간의 탄수화물 그리고 전체적으로 적당한 양의 칼로리로 구성된 식사를 하는 것이 가장 좋다. 또한 단백

『뉴잉글랜드 의학 저널』의 한 연구에서는 아동 비만으로 인해 현재 세대의 평균 수명이 5년 감소할 것으로 예상하고 있다.[4]

질은 탄수화물 전에 섭취하는 것이 권장되고 있다. 만약 반대로 섭취하게 되면 뇌와 몸의 기능이 둔해질 것이다.

유기농 음식은 화학 비료나 인공 살충제를 사용하지 않고 생산된 제품이며 USDA 유기농 라벨을 보고 식별할 수 있다. 유기농 제품을 구하기 힘들거나 너무 비싸다면 다음의 법칙을 기억해 두자. (1) 껍질이 두꺼울수록 과일이 더 안전하다. 껍질 두꺼운 과일로는 바나나, 오렌지, 레몬, 자몽 그리고 수박을 예로 들 수 있다. (2) 사과, 셀러리, 복숭이, 양상추 또는 브로콜리와 같이 껍질이 얇거나 없는 경우에는 유기농 제품을 사용한다. (3) 조리를 하기 전에 천연 세척제를 사용하여 야채와 과일을 깨끗하게 씻는다. 그리고 (4) 35% 식품용 과산화수소를 1 테이블스푼 넣은 차가운 물에 야채와 과일을 5분에서 15분 담가둔다. 그리고 신선한 물에 깨끗하게 씻어낸다.[5]

아이들은 잘못된 식습관에 길들여져 있을 뿐만 아니라 먹고 움직이지 않는다. 예전에는 식습관이 좋지 못하더라도 노동으로 그것이 상쇄되었다. 하지만 지금의 아이들은 텔레비전, 비디오 게임이나 컴퓨터 등을 한다. 사실상 문자 메시지를 보낼 때 손가락 운동밖에 하지 않고 있는 것이다. 그 결과, 아동 비만과 제 2형 당뇨병의 사례가 그 어느 때보다 높다.

또한 뇌와 신체에 적절한 수분을 공급해줘야 한다. 몸이 3% 수분 수족이면 뇌는 30% 수분 수족이다. 관절 통증, 속 쓰림 심지어 우울증이 있을 때 대부분의 경우 우리의 몸은 물을 요구하고 있는 것이다. 물을 많이 마시지 않는 아이는 뇌를 탈수시키게 되고, 불안 또는 무기력해지거나 학습 과제를 포기하게 된다.[6]

그렇다면, 얼마나 물을 마셔야 하는 것일까? 놀라지 말길 바란다! 몸무게(파운드)를 2로 나누면 매일 마셔야할 물의 양(온즈)을 얻을 수 있다.[7] 그렇다고 낙심하지 말자! 물을 꼭 액체 형태로 섭취해야 하는 것은 아니다. 야채와 과일을 충분하게 섭취한다면 1리터 정도의 물을 섭취하는 것이다. 예를 들어 양상추와 수박은 90% 그리고 바나나는 70% 물로 구성되어 있다.

술과 약물 금지

우리 몸에 내장된 뇌의 여과 구조인 혈액-뇌 장벽(BBB) 덕분에 대부분의 사람들은 어느 정도의 유해 물질을 견뎌 낼 수 있다. 너무 많은 유해 물질이 들어오면 면역 기능이 저하된다. 처방되었든 그렇지 않든, 약물과 알코올 그리고 담배의 니코틴은 모두 잠재적으로 신체에 유해하다.[8]

나는 내 딸 제니퍼와 며느리 아맨다가 임신했다는 사실을 안 순간부터 절대로 처방받지 않은 약과 와인을 먹지 말라고 조언 했다. 아직까지 자라나는 태아의 뇌와 임신 초기의 뇌발달에 약물과 알코올이 어떤 영향을 미치는지 정확하게 밝혀지지 않 았기 때문에 피하는 것이 좋다. 말코위즈와 젠슨에 의하면 국 립 알코올 남용 및 중독 연구소(NIAAA)는 아주 소량의 알코 올만으로도 뇌의 다양한 기억세포 기능이 저해될 수 있다고 발표했다고 한다.[9]

몇 년 전 교사인 제니퍼의 2학년 반에 예쁜 여자아이가 있었 는데 아이 엄마는 아이가 태어났을 때 코카인 중독이었다. 코 카인 중독이 이 아이의 변덕스러운 행동과 관련이 있는지 정 확히 알 수는 없지만, 아이에게 심각한 학습 장애가 있었고 쉽 게 격렬한 반응을 보여 자주 제지를 당했다.

카페인 섭취의 영향에 대한 의견은 여전히 분분하지만 카페 인이 뇌를 자극하며 동시에 뇌로 흐르는 혈류량을 줄이는 것 으로 알려져 있다. 이런 이유 때문에 편두통을 치료할 때 커피 가 사용되는 것이다. 뇌가 신비로운 만큼, 약물, 알코올 그리고 니코틴 등의 유해 물질에 의해 영향을 받지 않도록 한다면 정 상적으로 발달할 가능성이 더욱 커진다.

■ 어떻게 할 수 있을까?

○ 임신 즉시 병원을 찾아 임신 기간 동안 의사의 말을 잘 따르는 것이 아기의 뇌와 신체가 건강하게 발달할 수 있는 가장 좋은 방법이다. 임신 기간 동안에는 건강에 도움이 되는 음식을 먹고, 비타민 보충제를 섭취하며 약물(약국 약 또는 기타)과 알코올을 멀리하자. 임신 기간 동안 약과 알코올을 섭취한 부모의 아이들을 통해서 현재 학교에서는 그 영향을 실감하고 있다. 심각한 학습 및 행동 장애를 낳을 수 있다.

○ 뇌와 신체 발달에 중요한 네 가지 요소는 신선한 과일과 야채, 충분한 물 섭취, 염분, 당분과 지방 섭취 제한 그리고 음식의 방부제, 첨가제 그리고 화학 처리 식품 섭취를 제한하는 것이다.[11] 임신 기간뿐만 아니라 평생 동안 건강한 뇌발달을 위해 다음의 음식이 가장 적합하다. 식료품을 사고 음식을 준

신선한 야채 (매일 2-3회)	오메가-3가 풍부한 단백질 (매일 2-3회)	과일 (매일 2-3회)	탄수화물 (매일 1-3회)	음료수 (매일 8-12회)
브로콜리 완두콩 당근 잎사귀 채소 감자	닭고기 칠면조 참치 연어 달걀 요구르트 내장육 정어리 고등이, 멸치류 갑각류 콩	바나나 아보카도 블루베리 오렌지 딸기 토마토	미정제 곡물 콩류 해바라기 씨 견과류	물 녹차 신선한 과일 주스

비할 때 위의 식품을 적절히 첨가하도록 하자.

○ 아이와 함께 장을 보러 가서 아이를 저녁거리를 고르는 데 참여시키자. 아이에게 야채와 과일 및 다른 음식들을 고를 수 있도록 기회를 주자. 그리고 저녁을 만들 때 옆에서 엄마를 도와 줄 수 있도록 해보자. 아이들은 자신이 고르고 만드는 데 참여했던 음식을 그렇지 않았던 음식보다 더 잘 먹을 것이다.

○ 부모가 더 건강한 음식을 먹는 모범을 보이자. 설탕, 인공 감미료, 소금이 적은 음료수를 고르고 포화지방과 트랜스지방을 되도록 피한다. 칼로리는 낮고 비타민과 미네랄이 풍부한 음식을 선택한다.[12] 부모가 말로 하는 것보다 행동으로 옮기는 것이 아이의 일상적인 행동에 더 큰 감명을 준다. 함께 앉아서 건강한 음식을 먹어보고 물을 마실 때도 아이와 함께 마시자.

○ 하루 중 가장 중요한 식사가 아침이기 때문에 더 좋은 하루를 시작할 수 있도록 몸에 좋은 아침 식사를 준비하자. 아침은 간단하게는 곡물 시리얼, 신선한 과일을 먹을 수도 있고 학교에서 제공하는 아침 프로그램을 활용할 수도 있다.

○ 한 달에 가족이 패스트푸드를 먹는 횟수를 제한하자. 축구 교실이나 발레 레슨을 가는 길에 시간이 별로 없기 때문에 맥도널드나 KFC에서 간단하게 먹고 싶기도 할 것이다. 만약 패스트푸드를 먹게 된다면 그곳에서도 아이가 좀 더 건강한 음식을 고를 수 있도록 도와줘야 한다.

○ 아이가 앉아서 생활하는 시간을 제한하자. 예를 들어 텔레비전 시청, 비디오 게임, 컴퓨터(인터넷 포함) 사용 시간 또

는 핸드폰이나 문자를 보내는 시간을 제한한다. 매일 이러한 활동에 사용할 수 있는 시간을 정하고 그 시간을 아이가 지키도록 시킨다.

○ 아이들을 움직이도록 하자. 가족 모두에게도 좋은 것이므로 함께 칼로리를 태울 수 있도록 몸을 움직이는 활동을 시킨다.

○ 단백질 섭취를 하지 않으면 정신적 기능이 저하되므로 단백질 음식 중에서 지방이 없는 음식을 매주 먹는다. 가족들에게 생선, 건조된 콩류, 씨앗과 견과류, 육류, 닭고기 및 달걀이 포함된 음식을 만들어준다.

○ 아이들이 설탕이 들어간 음료수 대신에 물을 하루 종일 지속적으로 섭취할 수 있도록 도와주자. 아이의 뇌와 몸이 부모에게 감사할 것이다. 아이가 숙제할 때, 적절한 수분을 섭취할 수 있도록 물을 마시게 한다. 몸무게(파운드)를 2로 나누어 하루 먹어야할 물의 양(온즈)을 기준으로 삼는다. 또한, 과일과 야채에서도 수분을 섭취할 수 있다는 것을 기억하자.

○ 아이들이 매일 충분한 과일과 야채를 먹을 수 있도록 해주자. 이렇게 하면 아이가 충분한 수분을 섭취하는데 도움이

될 뿐만 아니라, 아이가 건강을 제일로 생각하게 될 것이다.

○ 활성산소는 전자와 쌍을 이루지 않은 몸속에 있는 원자이다. 그래서 이것은 다른 원자에서 전자를 뺏어 온다. 이것은 연쇄적인 세포 손상을 일으킨다. 숨쉬는 것 만으로 활성산소가 생성된다. 그러나 암, 관상 동맥 질환, 알츠하이머, 다발성 경화증뿐만 아니라 일부 반복되는 감기, 기관지염, 방광염과 같은 질병으로 인해 추가적으로 활성산소가 생성될 수 있다. 항산화물질은 활성산소를 상쇄시키며 제어할 수 있다. 항산화물질이 풍부한 음식을 많이 섭취하면 가족의 건강을 지킬 수 있다. 항산화물질이 많은 식품으로는 블루베리, 블랙베리, 크랜베리, 딸기, 라즈베리, 붉은 강낭콩, 핀토(얼룩덜룩한 강낭콩), 말린 검은 콩, 멸치, 자두, 피칸, 사과, 체리, 자두, 그리고 익힌 감자 등이 있다.[13]

아이에게 그리고 아이와 함께 말하기

부모와 아이 사이의 초기의 대화에서 아이의 감정적,
사회적 그리고 학문적 인생이 시작된다.

—윙거트 및 브랜트(Wingert & Brant, 2005)

■ 무엇을 뜻하는가?

나는 남편 타이론과 몇 년 전 뉴욕의 한 호텔에서 절대 보고 싶
지 않은 것을 보고 말았다. 우리는 맨해튼의 한 호텔 로비에 있
었고 내 눈에 쌍둥이 유모차가 들어왔다. 유모차 안에는 두 명
의 귀여운 2살과 4살 정도 되어 보이는 아이들이 있었다. 그리
고 각자의 자리에 DVD 플레이어가 설치되어 있었다. 두 아이
모두 엄마가 유모차를 밀며 돌아다닐 때 각자의 비디오를 보
고 있었다. 나는 타이론에게 그 두 아이가 영화를 보기보다는
뉴욕의 냄새, 풍경 그리고 소리에 귀를 기울였다면 더 좋았을

것 같다고 얘기했다. 그랬다면 그 곳에서의 경험이 더 풍요롭고 또 뇌에도 도움이 많이 되었을 것이다.

현대 기술의 발달로 인하여 그 어느 때보다 이미지가 뇌에 빠른 속도로 입력되고 있으며 그로 인하여 우리가 집중하는 시간이 짧아지고 있다. 컴퓨터에서 원하는 대로 즉각 실행되지 않으면 참지 못하는 사람이 얼마나 많은지 보면 알 수 있다. 하지만 부모가 아이와 나누는 의미 있는 대화의 시간을 기술과 절대 바꿔서는 안 된다. 그 대화는 아이가 태어나기 전부터 시작되어야 하고 살면서 계속 이어져야 한다. 예전에 그런 대화는 매일 가족이 함께 저녁을 먹으려고 모였을 때 식탁에서 이루어졌고 함께 모여 자신의 하루를 얘기했었다. 현재의 바쁜 일과 속에서 가족들은 식사를 함께할 시간이 별로 없다. 하지만 그렇다고 대화의 중요성이 줄어든 것은 아니다.

내가 아이들을 키울 때 대부분의 대화는 축구, 야구, 피아

세상과 소통할 수 있는 잘 개발되고 탄탄한 능력, 특히 부모의 그 능력은 아기가 대화를 배우기 시작할 때 매우 중요하다.[1]

노, 발레 등등의 과외 수업을 받으러 갈 때 차안에서 이루어졌다. 우리는 라디오를 끄고 차안에서 대화를 했다. 아이와 태어나서부터 좋은 관계를 형성했다면 이런 대화는 아주 자연스럽게 이루어질 것이다. 지금의 아이들은 차에서 DVD를 보고, 아이팟을 듣느라 너무 바빠서 가족 간의 대화를 하는 것이 참 힘들다. 텔레비전, 아이팟, 비디오게임, DVD, 문자 그리고 컴퓨터와 같은 모든 기술적 혁신으로 인해 나는 이제 아이를 낳고 난 후 대화를 한 번도 하지 않아도 될 정도가 되었다고 생각한다! 하지만 이것이 바로 문제다. 인간간의 상호작용은 뇌의 필수적인 요소다. 왜 수많은 청소년들이 인터넷에서 낮선 사람들과 대화를 하는지 생각해 볼 필요가 있다. 여기에서 문제는 아이가 대화하는 상대가 부모가 원하지 않는 사람일 가능성이 있다는 것이다.

아마도 텔레비전이 뇌에 미치는 영향이 궁금할 것이다. 미국 소아과학회에 따르면 2세 미만의 아이에게 텔레비전을 전혀 보이지 말 것을 권장하며 유아원(미취학 아동)에 다니는 아이들은 하루에 1시간에서 2시간으로 시청시간을 제한하도록 권장하고 있다.[2] 텔레비전을 보면 뇌의 시각 시스템이 정상적으로 자극 받지 못한다. 이것은 텔레비전을 볼 때, 동공이 팽창되지 않기 때문에 눈이 책을 읽을 때처럼 한 지점에서 다른 지점으로 움직이지 않고, 뇌에서 고급 사고를 관장 영역에서 처리하기에는 이미지가 너무 빨리 지나가며 아이의 뇌가 스스로 내면에서 이미지를 형성할 수 있는 기회가 주어지지 않는다.[4] 텔레비전을 보는 행위는 수동적인 행위이며 아이들은 텔레비전에게 답할 수 없다. 대답하기 또는 양자 간의 대화가 바로 뇌에서 연결고리를 만드는 매우 중요한 요소이다.

재미있는 이야기를 하나 해 볼까 한다. 내 손녀인 에이든은 참 말을 많이 하는 아이다. 이것은 우연하게 형성된 성향이 아니다. 딸 제니퍼와 사위 렉스는 에이든에게 지속적으로 말을 거는데 태어나기 전부터 계속 그렇게 하고 있다. 몇 달 전, 에이든이 20개월이 되었을 때 해서는 안 되는 일을 하고 있는 것을 보고 제니퍼가 에이든에게 셋 셀 때까지 그 행동을 멈추라고 얘기했다. 제니퍼가 "하나!"하자 에이든이 "둘!"이라고 해서 제니퍼는 웃지 않으려고 무척 애를 먹었다. 제니퍼는 20개월 된 에이든이 10까지 쉽게 셀 수 있다는 것을 알았는데, 에이든은 영어뿐만 아니라 스페인어와 중국어로도 셀 수 있다. 어떻게 그럴까? 제니퍼가 에이든과 숫자를 실제 센 적이 많았기 때문이다. 계단으로 오르면서 숫자를 세었고 장난감도 세어 보았고 다른 여러 가지를 모두 세었다.

아이들은 언어를 처음에 청각 피질을 통해서 배운다. 청각 피질은 다른 사람들의 말을 들을 때나 자신이 말을 할 때 피드백을 받는다. 심지어 새들은 성인 새들이 노래하는 것을 듣고 지저귀는 것을 배운다고 한다.[5] 부모와 아이 사이의 최초의 대화는 아이의 감정적, 사회적, 학업적 인생의 시작이다.[6] 실제로 아이가 만 6살까지 최소한의 사회성 기술을 갖지 못한다면

아이에게 자주 얘기해 줄수록, 아이가 더 잘 이해할 것이다. 듣기에서 말하기로 발전하고, 말하기에서 읽기로 발전한다.[7]

그 아이의 삶은 위험하다.[8] 아이가 기계를 가지고 노는 시간을 제한하고 부모와 상호작용할 수 있도록 하자. 아이의 뇌가 감사할 것이다!

■ 어떻게 할 수 있을까?

○ 태아의 청각은 매우 뛰어나기 때문에 태중에서 6개월에서 7개월 정도가 되면 태아가 긍정적이며 안정적인 음성과 부정적이며 불안감을 주는 음성을 식별할 수 있다는 입증된 결과들이 있다.[9] 태어난 지 몇 시간 밖에 안 되는 신생아가 부모의 목소리에 쳐다보기도 한다. 나는 운 좋게도 손녀 에이든이 태어나는 모습을 분만실에서 함께 보았다. 울면서 태어난 에이든은 아빠가 이름을 부르자 즉시 그 쪽을 보았다. 마치 벌써 알고 있는 목소리를 들은 것 같은 모습이었다. 사실 제니퍼의 임신기간 9개월 동안 내내 아빠의 목소리를 들었으니 알고 있었던 것이다. 태중에 있는 아이에게 얘기하자.

○ 아이와 대화하지 않으면 말하는 것을 배울 수 없기 때문에 부모들은 아이가 만 3세가 되기 전부터 사랑을 느낄 수 있고, 재미있고, 깊이 있는 의미 있는 대화를 나누자.[10] 얼굴을

마주보며 아이와 얘기하고 웃자! 완전한 문장으로 천천히 말하자. 부모가 격려해 줄 때 아이가 얼마나 많은 단어를 배울 수 있는지를 알게 되면 놀랄 것이다.

○ 시장이나 다른 곳에 갈 때 교육적인 경험을 만들어 주자. 선반에 있는 식료품의 이름을 알려주고 박스나 주머니의 색깔을 아이에게 얘기해주자. 선반에 있는 물건의 숫자도 세어보고 야채, 과일, 주스, 육류 또는 닭고기 같은 식료품의 종류도 알려줄 수 있다.

○ 아이에게 지시를 내릴 때, 아이가 기억할 수 있는 지시의 수는 나이와 비례한다는 것을 기억하자. 태어나서 만으로 3살까지 한 번에 한 가지 지시만 하는 것이 적당하다. 예를 들면 "가서 네 빨강 스웨터 가져와" 같은 것이다. 만 4세에서 5세는 두 가지 지시를 기억할 수 있고, 만 6세에서 7세는 3가지, 만 8세에서 9세는 4가지 지시를 기억할 수 있다. 이 숫자는 조금씩 상승해서 만 15세가 되면 일곱 가지의 지시를 기억할 수 있다. 아마도 어른들의 세상에서 일주일의 요일 수, 음계, 무지개의 색깔, 난쟁이 그리고 성공한 사람들의 습관이 일곱 가지인 것은 우연은 아닌 것 같다.

○ 텔레비전을 보모로 사용하지 말자. 만 2세 이하의 아동은 텔레비전을 전혀 보지 않는 것이 좋다. 더 큰 아이들의 TV 시청 시간도 제한되어야 한다. 아이와 함께 앉아서 어떤 프로그램을 보는 것이 적당한지 정하고 같이 시청한다. 점점 더 증가하는 폭력성, 욕설 그리고 성적인 내용으로 인해서 아이의 뇌에 부정적인 영향을 미칠 수 있는 프로그램들이 너무 많다.

○ 만 1세가 되었을 때, 아이들은 자신의 모국어의 모든 소리를 다 배운다. 그렇기 때문에 사람들은 나이 들어 언어를 배우면 완벽한 발음으로 외국어를 하기가 어려운 것이다.[11] 어렸을 때부터 외국어에 노출시키자. 나는 두 가지 언어에서 네 가지 언어까지 하는 나라들에서 강연을 많이 했는데, 언제부터 언어를 그렇게 많이 배웠냐고 물어보면 대답은 대부분 "어렸을 때부터요!"이다. 하지만 미국에서는 중고등학교에서 제2외국어를 배움에도 불구하고 80%가 모국어와 같은 수준의 외국어를 구사하지 못 한다. 어쩌면 너무 늦게 외국어를 배우고 있는 것은 아닌지 생각해 볼 필요가 있다.

○ 자동차로 이동할 때 라디오와 DVD 플레이어를 끄자. 아이에게 이어폰을 빼고 문자도 잠시 그만하라고 이르자. 아이

를 대화에 참여시키자. 학교에서는 어땠는지 물어보고 부모의 하루도 얘기해 주자. 아이가 원하는 것, 단기 및 장기 계획에 대해서 얘기하고 부모의 계획도 알려주자. 아이와의 관계에 변화가 올 것이다. 1장에서 언급한 모든 연령대의 아이와 관계를 맺는 방법을 참고하도록 한다.

○ 아버지와 어머니 모두 매일 아이와 대화를 나눠야 하는 것은 물론 의미 있는 대화를 나누기 위한 시간을 따로 마련해야 한다. 이 대화에 엄마 또는 아빠중에 하나가 아닌 부모가 모두 참여하는 것이 매우 중요하다. 아이가 하나 이상이면 각 아이에 대해 시간을 따로 마련한다. 귀가 두 개고 입이 하나인 이유가 있다. 아이가 하는 말에 귀기울이는 시간이 조언을 하는 시간보다 훨씬 많아야 한다. 이 시간은 아이에게 일어나는 일에 부모의 관심을 보이는데 매우 좋은 시간이 될 것이다.

○ 아이에게 문제가 생기면 부모에게 얘기하라고 알려주자. 성공한 사람들의 7가지 습관에서 5번째 습관은 "먼저 이해하려고 노력한 후에 이해를 구한다"이다.[12] 아이의 이야기를 귀담아 듣고 난 후 상황을 해결할 수 있도록 도와주자. 다음의 질문을 해볼 수 있을 것이다. (1) 어떻게 된 일인지 설명해 줄래?

(2) 너는 어떻게 반응했니? (3) 네 반응이 적절했다고 생각하니? (4) 같은 상황이 또 생긴다면, 다르게 하고 싶은 것은 없니?

○ 아이가 부모, 다른 어른들 그리고 친구들과의 대화를 통해서 자신의 사회성을 연습할 수 있도록 격려해주자. 사실상 인생에서 성공하려면 다른 지능보다도 사회지능이 뛰어나야 한다.[13] 요즘 아이들은 문자나 이메일에 너무 익숙해져 있어서 사회적 상호작용의 기술이 떨어지는 것 같다. 나는 수업을 하러 교실에 들어갔을 때, 내 눈을 쳐다보거나, 악수를 받거나, 반갑게 인사하지 못하는 학생들이 많다는 사실에 깜짝 놀란다. 하지만 주요 기업의 CEO들은 대인관계가 직장에서 매우 높게 평가된다고 얘기하고 있다. 이런 기능은 어렸을 때부터 길러줘야 하며 인생을 더 성공적으로 사는데 도움이 될 것이다.

아이에게 그리고 아이와 함께 책 읽기

독서에 대한 열망은 아이, 책 그리고
읽어주는 사람 사이의 감정적인 관계에 의해 형성된다.

−폭스(Fox, 2001)

■ 무엇을 뜻하는가?

자신의 아이 또는 손자들에게 같은 책을 여러 번 읽어준 경험
이 있다면 한 페이지를 건너뛰려고 했을 때 아이들이 건너 뛴
것을 알 뿐만 아니라 뒤돌아가서 차례대로 읽어 달라고 한다
는 것을 알고 있을 것이다. 제프리 클로스크와 베리 블릿의 『옛
날 옛날에, 끝: 60초 후 잠들기』라는 재미있는 책을 소개하고
싶다.[1] 이 이야기는 매일 똑같은 이야기를 읽어주는 데 지친 한
아버지가 이야기를 줄이거나 요약해서 일 분 안에 읽을 수 있
도록 만든다는 이야기다. 이 책에는 1분 안에 다 읽을 수 있는

동화를 많이 담고 있다. 아이에게 요약하는 것을 가르칠 수 있을 뿐만 아니라 정말 웃겨서 많은 부모들도 함께 즐길 수 있을 것이다. 예를 들어, 책에는 골디락스와 곰 세 마리 이야기가 다음과 같이 요약되어 있다.

골디락스와 곰 세 마리

곰들이 있었어.

몇 마리였는지는 별로 중요하지 않아.

여러 마리 있었지.

바로 본론을 말하자면…….

곰들이 외출 했을 때 금발머리 소녀가

곰들의 죽을 먹었고,

의자를 부셔 놓고,

곰의 침대에서 잠이 들어 버린 거야.

곰들이 집으로 돌아와서

소녀가 자고 있는 것을 발견했어.

소녀는 깨어나서, 소리를 지르면서 집으로 뛰어갔어

자기 침대에서 잘 수 있게…….

너처럼 말이야.

끝.

학교에서 일하면서 요즘 아이들에게 옛날 동화를 읽어 주는 사람이 없기 때문에 옛날 동화를 잘 모른다는 것을 알게 되었다. 하지만 다채로운 그림, 재미있는 소리 그리고 운율이 있는 『마더 구스』의 동요는 몇 세대를 걸쳐서 내려오고 있다. 이런 옛날 동요들이 노래될 때 이이의 머리 속에 있는 동요의 놀이기 더 활발해 질 수 있다. 많은 옛날 동화들에는 그림이 없기 때문에 소리 내어 읽었을 때, 또 다른 장점은 아이들의 뇌가 자신만의 그림을 만들어내기 위해서 더 열심히 움직인다는 것이다.

역사상 가장 훌륭한 학자 중 하나인 앨버트 아인슈타인은 자신의 아들을 더 똑똑하게 만들려면 어떻게 해야 하냐는 한 여인의 질문에 동화를 읽으라고 권장했다. 아인슈타인은 여인에게 동화를 읽어 주면 아이의 뇌가 세부 사항에 더 집중하고, 문제를 해결하고 예측하고 의미를 생각해 내고 감정을 느끼는데 더 집중하게 될 것이라고 말했다. 정말 명석한 사람이다! 아이들이 읽는 것을 배울 때, 두운과 각운을 들을 수 있는 능력과 언어유희를 개발할 수 있어야 할 것이다.[2]

태어나서부터 책을 많이 읽어 준 아이는 엄청난 즐거움을 주
는 동화를 듣고, 집중하고 안정하며, 욕구를 기다릴 수 있는
능력을 빠르게 배운다.[3] 부모가 아이에게 책을 읽어 줄 때, 아
이는 책을 왼쪽에서 오른쪽으로 읽는다는 것을 보게 되고 유
창성, 읽는 방법이나 억양 등을 모방하게 된다.[4] 이러한 모방으
로 아이는 자신이 책을 읽을 때 왼쪽에서 오른쪽으로 읽고 독
서 방법을 읽히게 된다.

최근에 집 근처의 서점을 둘러보다가 아름다운 광경을 목격
했다. 한 어머니가 아동 서적 섹션에서 아들을 무릎에 앉혀놓
고 동화책을 읽어주는 모습이었다. 나는 그들을 보면서 미소
가 절로 나왔다. 한 눈에도 이것이 아이에게 처음으로 책을 읽
어주는 것이 아니라는 것을 알 수 있었다. 아들은 엄마의 목소
리와 동화책 그림에 온 정신을 쏟고 있었기 때문이다. 아이에

7세에서 8세 사이에 대부분의 아이들은 자신이 모르는 단어를
해석할 수 있는 능력과 단어를 음절로 나누는 능력을 사용하여
능숙하게 글을 읽기 시작한다.[5]

게 여러 번 책을 읽어주면 자신도 책 읽는 그 모습을 따라하고 싶어 한다.

저명한 교육자이자 스테디셀러『소리 내어 읽기 핸드북』의 저 자인 짐 트레스에 따르면 글을 빨리 습득하는 아이들의 집안 환경에는 다음과 같은 네 가지 공통점이 있다고 한다.[6] (1) 아 이에게 지속적으로 책을 읽어 줬으며 부모도 열심히 독서를 한 다. (2) 다양한 인쇄물이 집안에 배치되어 있다. (3) 연필과 종이 를 쉽게 찾을 수 있어서 아이가 낙서를 하거나 그림을 그릴 수 있 다. (4) 수많은 질문에 대답해주고, 책을 사고, 도서관에 아이를 데리고 가고, 아이의 작품을 전시하고 아이가 불러주는 이야기 를 써주는 등 가족이 아이의 독서와 쓰기에 자극을 준다.

이제 상상해 보자. 자신이 다양한 동화를 읽어 주면서 편안 한 의자나 소파에 앉아 있고 아이가 옆에 파고들어 앉아 있거 나 아니면 둘이 편하게 침대에 함께 누워있다고 생각해 보자. 책을 읽으면서 다양한 목소리와 소리를 낸다. 그렇게 하면 아 이와 잊을 수 없는 시간을 보낼 수 있으며 평생 책을 사랑하고 둘만의 책을 갖게 될 것이다. 이렇게 된다면 부모와 아이가 얻 는 혜택은 헤아릴 수 없을 정도로 많을 것이다.

■ 어떻게 할 수 있을까?

출산 후 병원에서 아이를 집으로 데리고 오면서부터 아이에게 책을 읽어주어야 아기가 보고 듣는 것을 모방하고자 하는 욕구가 여전히 있을 때 책 읽는 습관을 들일 수 있다. 아이에게 말을 걸 수 있을 정도라면, 아이가 책을 읽을 수 있을 정도로 큰 것이다. 이렇게 했을 때 얻을 수 있는 여러 가지 장점이 있다. 부모가 아이에게 책을 읽어주면 부모 뇌의 연관성이 아이의 뇌에 자리 잡게 된다.[7] 멤 폭스에 의하면, 학교를 다니기 시작했을 때는 책 읽는 것을 배우기에 너무 늦은 시기라고 할 수 있다.[8] 사실상 아이가 책을 스스로 읽으려면 1,000번의 동화를 들어야만 할 수 있다. 그렇기 때문에 부모가 아이의 최초의 선생님이자 가장 좋은 선생님인 것이다.

언어의 단계는 뇌의 언어를 관장하는 영역의 발달과 성숙도에 비례한다.[9]

○ 아이에게 책 읽어줄 시간이 없다는 핑계는 절대 대지 말

자. 사람들은 자신이 중요하다고 느끼는 것을 하기 위해 시간을 만든다. 책 읽어주는 것을 중요하게 여기자. 텔레비전 보는 시간을 줄이고 집안일도 잠시 미뤄두고 아이들에게 책을 읽어주면서 소중한 시간을 보내자. 나중에 이 시간이 더 값지게 느껴질 것이다! 아이가 책을 잘 읽는 것은 유전적 요인뿐만 아니라 자라난 환경적인 요인도 작용한다.[10]

○ 아이에게 책을 읽어줄 때, 아이의 집중력이 지속되는 시간 내에서 책을 읽어주자. 아이의 집중력은 나이와 거의 같다는 것을 기억하자. 그렇기 때문에 만 5세에게는 5분, 만 10세에게는 10분 그리고 만 12세에게는 12분 정도 책을 읽어 준다. 아이가 책 읽는 시간에 익숙해지거나 흥미를 보이면 서서히 읽어주는 시간을 늘려나간다. 뇌에서 지금 하는 일을 즐기면 집중력이 지속되는 시간이 상당히 늘어난다. 읽어주는 책이 아이의 주의를 끌 수 있을 만큼 흥미롭고 재미있는 것이어야 하며 동시에 상상력도 키워줄 수 있는 것이어야 한다.

○ 아이들과 공공 도서관에 가서 대출 카드를 만들어주면 아이들이 책의 중요성을 알 수 있다. 충분히 자랐을 때 자신이 소리내어 읽을 책을 고르게 하고 부모에게 소리 내어 읽어 줄

책도 고르게 한다.

○ 아이를 비롯하여 지인들에게도 책을 선물하자. 이렇게 하면 독서를 평생 갖고 가야할 것으로 가치를 세울 수 있다. 특히 아빠나 엄마가 책을 읽는 모습을 아이가 보면 깊은 인상을 받게 되고, 가족 구성원 모두에게 독서가 중요하다는 것을 깨닫게 한다.

○ 도서관에서 빌리려는 책이나 서점에서 사려는 책이 소리 내어 읽기에 아이에게 적당한지 알아보려면 다섯 손가락 테스트를 사용해보자. 책의 앞부분을 펴고 아이에게 100 단어 정도 소리 내어 읽도록 시킨다. 아이가 단어를 틀릴 때마다 한 손가락씩 조용히 꼽는다. 다섯 손가락을 모두 꼽으면 아이에게 너무 어려운 문단이다. 중간과 끝부분도 100 단어를 똑같은 방법으로 읽도록 한다. 5개 보다 더 많은 단어를 틀리면 책이 아이에게 너무 어려운 것이다. 그 책을 빌리되 부모가 소리 내어 읽어주는 책으로 사용한다.

○ 아이가 글을 읽게 되면 부모와 차례로 책을 소리 내어 읽으면서 PPP 테크닉을 사용하자. PPP란 페이지(page), 문단(paragraph), 패스(pass)의 약자이다. 부모와 함께 책을 읽

을 때, 한 페이지나 한 문단을 아이가 읽거나 책 읽는 차례를 부모에게 패스할 수 있다. 부모 또한 세 가지 중에서 선택할 수 있다.

○ 책을 언제나 읽을 수 있도록 항상 소지하고 다니자. 병원에서 진료를 기다릴 때, 비행기나 버스에서 함께 책을 읽으면서 유익하게 시간을 활용할 수 있다.

○ 아이에게 격려, 시간, 책, 잡지, 조명, 고요함, 겨울의 포근함과 여름의 시원함 그리고 매일 밤 책을 읽을 수 있는 편안함을 선물하자.[11]

○ 언어의 유창함을 개발할 수 있는 재미있는 활동으로 반복해서 읽기가 있다. 책에서 자신이 반복해서 읽고 싶은 몇 장의 페이지를 아이가 선택하도록 하고 알람시계에 1분 또는 2분 등 특정한 시간으로 맞춰놓고 시간이 끝날 때까지 아이가 큰 소리로 책을 읽도록 한다. 읽다가 모르는 단어가 있으면 단어를 말해주고 계속해서 읽어나가도록 한다. 시간이 끝나면, 그 시간 동안 읽은 단어 수를 세어 본다. 같은 시간 내에 똑같은 문장을 다시 읽도록 한다. 다시 단어를 세어보면 이번에는 아마도 더 많은 단어를 읽었을 것이다. 다시 한 번 반복해도 좋

다. 똑같은 방법을 다른 날 다른 문단을 가지고 해 본다. 이렇게 하면 읽기 연습은 물론 아이의 언어 실력을 기를 수 있다.

○ 아이가 성장함에 따라, 가끔 가족 독서의 시간을 갖는다. 텔레비전을 끄고 함께 독서의 시간을 갖자. 가족 모두 각자 자신이 원하는 것을 읽거나 모두가 즐겁게 읽을 수 있는 책을 돌아가면서 소리 내어 읽어보자. 부모가 시간을 내어 책을 읽는 모습을 아이들에게 보여줬을 때 정규 교육과정을 마쳐도 계속해서 독서를 사랑하는 마음을 심어줄 수 있다.

창의적인 놀이를 할 기회 만들기

일부 연구에서 놀이는 아이의 정서적 식단의
필수 단백질로 여겨지고 있다.

−깁스(Gibbs, 2009)

■ 무엇을 뜻하는가?

어렸을 적 집 밖이나 안에서 놀았던 기억이 있을 것이다. 정말
로 놀았던 기억! 6세 때부터, 나는 선생님이 되고 싶었다. 나는
인형들이 내 학생들이라고 가정하고 몇 시간 동안 내 방에서
인형들을 가르쳤다.

어릴 적 놀이를 통하여 우리가 인식하지 못하고 있지만 여러
가지 일들이 일어난다. 장난감을 친구와 함께 가지고 노는 것
을 배우고, 문제 해결 능력을 배운다. 또한 공주, 우주인 또는
선생님과 같은 내가 아닌 다른 사람으로 분하여 창의력과 상

상력을 배운다. 아이가 다른 아이와 놀 때, 그들은 공식적인 규칙뿐만 아니라 협력, 협상, 우정 그리고 신체적 기술과 같은 비공식적인 규칙을 배운다.[1] 놀이를 통해 아이들은 공감 능력을 경험하고 어떤 상황에서 어떻게 행동해야 하는지 판단할 수 있게 된다.

그러나 1981년부터 1997까지, 만 6세부터 8세 아이들의 자유 놀이 시간이 25% 감소한 반면 숙제를 해야 하는 시간은 두 배 이상이나 늘었다.[2] 대부분, 공부시간 중간에 뇌가 쉴 수 없기 때문에 신경전달물질이라고 불리는 뇌 화학물질이 고갈된다. 이로 인하여, 뇌가 좌절감을 느끼고 아이가 하나의 뉴런에서 다른 뉴런을 연결하기가 더욱 어려워진다.[3] 더욱이, 놀이는 아이들에게만 필요한 것이 아니다. 놀 수 있는 능력은 인간이 80세 이상 수명을 유지하기 위한 10가지 조건 중 하나이다.[4] "나이가 들어 놀지 않는 것이 아니라 놀지 않기 때문에 나이가 드는 것이다"라는 속담도 있다. 8살이든 80살이든, 놀이는 꼭 필요하다.

오늘날 학생들의 놀이는 기술인 것 같다. 이런 놀이는 장점도 있지만 단점도 있다. 밖에서 활동적인 놀이를 하면 상상력과 창의력이 자라난다. 또한 시각화를 더 쉽게 할 수 있다. 첨

단 기술이 사용된 놀이에는 선명하고 컬러풀한 이미지가 많이 등장한다. 비디오 게임이나 컴퓨터에 이미 이미지가 떠 있는데 뇌가 상상할 필요가 없다.

창의적 놀이의 또 한 가지 장점은 신체적 움직임이 필요하다는 것이다. 미국소아과학회는 스트레스 및 불안 증가와 아동 비만의 폭발적 증가를 비롯하여 놀이시간 감소로 인한 건강상 위험을 경고하고 있다.[5] 아이들이 비디오 게임이나 텔레비전을 보는 등 주로 앉아서 생활하는 방식이나 운동 부족으로 인해 제2형 당뇨가 증가하였다.

학교에서도 휴식은 꼭 필요하다. 일부 연구자들은 아이의 신체적 또는 운동 기능이 학습되는 것이 아니라 뇌에 이미 고착되어 있다고 믿고 있으며 이 분야를 충분히 발달시킬 수 있는 기간은 5세까지라고 생각한다.[6]

놀이 시간이 허용되지 않은 아이들은 가만히 앉아있지 못했으며 집중하지 못했고 ADHD 증상이 나타났다.[7]

아이들이 밖에서 뛰어 놀 때의 또 다른 장점은 태양으로부터 비타민 D가 생성된다는 것이다. 연구자들은 아이들과 50세 미만의 성인 20% 그리고 50세 이상의 성인 95%가 햇빛에서 얻을 수 있는 비타민 D가 부족하다고 지적했다.[8] 비타민 D는 뼈와 치아 발달에 필수적이며 성인의 유방암, 전립선암 및 다발성 경화증을 예방할 수도 있다.

■ 어떻게 할 수 있을까?

○ 아이들이 밖에서 놀 수 있는 시간을 만들어 주자. 공원 등으로 나가서 다른 아이들과 상호작용할 수 있는 기회를 마련해 주고 미끄럼틀이나 그네를 탈수 있는 시간을 마련해 주자. 뇌에 양성 화학물질이 생성될 뿐만 아니라 인생의 기술들

아이들이 함께 놀이를 하면, 사회적인 상호작용과 관계를 다루는 방법을 배우고 자신과 상대의 감정을 인식하는 방법도 배우게 된다.[9]

을 개발하고 상상력을 키울 수 있다.

○ 텔레비전과 컴퓨터를 끄고 가족이 모두 밖으로 나가자. 아이들과 공 던지기 놀이, 달리기, 자전거 타기, 축구 등의 놀이를 할 수 있다. 다시 말해 태양으로부터 비타민 D에 흠뻑 젖어 재미있는 시간을 보내고 아이들과 활동적인 시간을 보내보자. 나는 크면서 뒷마당에서 여동생들과 야구놀이를 하던 기억이 여전히 난다.

○ 갈 곳이 있거나 다른 활동을 해야 하는 시간이 아니라면 아이에게 쉴 시간을 주자. 가장 창의적인 생각은 뇌가 쉬거나, 자신만의 게임을 만들거나 혼자서 놀 때 할 수 있다.

○ 즐거운 시간을 보내자! 한쪽 팔로는 이름을 **쓰고** 다른 팔로는 중간 이름 그리고 한 쪽 엉덩이로는 성, 다른 쪽 엉덩이로는 가장 친한 친구의 이름을 **쓸 수 있다.**[10] 이런 활동으로 움직일 수 있을 뿐만 아니라 뇌의 가장 강력한 기억 시스템인 **절차** 또는 **근육 기억**에 이름을 저장할 수 있다. 이 개념은 16장에서 더 심도 있게 다루어질 것이다.

○ 스트레칭 시간을 아이가 주도할 수 있도록 하자. 빠르거

나 느린 음악을 선택하도록 하고 아이가 스트레칭을 느리고 릴렉싱하게 할 것인지 미용 체조로 할 것인지 선택하게 한다.[11]

○ 이제 놀이터에서 그네, 뺑뺑이와 미끄럼틀을 찾아보기 힘들어졌지만, 그네 타기는 아이의 내이, 균형감각 그리고 읽기 능력을 개발해 줄 뿐만 아니라 전정계도 자극시켜준다. 이런 놀이기구를 잘 활용해 보도록 하자.[12]

○ 리듬이나 패턴에 손뼉을 치거나, 발을 구르고 뛰어 본 다음 아이에게 지금 했던 패턴을 다시 반복 시켜보자. 간단한 패턴에서 시작해서 아이가 익숙해지면 패턴의 난이도를 높여보자.

○ 몸을 빙빙 돌리면 뇌가 발달한다. 고에너지의 신나는 음악을 틀고 하루에 두 번씩 양쪽 방향으로 1분간 원을 그리면서 돌게 하자. 눈을 감고 한 방향으로 뱅글뱅글 돈 후에 다른 방향으로 돈다. 눈을 감으면 어지러움이 줄어들고 균형을 더 잘 잡을 수 있다.[13]

○ 아이가 신체의 정중선을 넘어가는 활동을 하여 시각적 추적이 향상될 수 있도록 하자. 예를 들자면, 풍차 놀이를 들 수 있을 것이다. 아이가 두 다리를 벌리고 양손을 뻗고 서게 한

다. 다리를 펴고 오른손으로 왼쪽 발을 짚도록 한다. 그 다음 왼쪽 손으로 오른쪽 발을 짚도록 한다. 계속해서 속도를 바꿔가면서 해본다. 신체의 정중선을 넘는 운동은 뇌의 반구를 편측화하는 효과가 있고 학습에 도움이 된다.[14]

○ 아이가 선을 따라 걷거나 평균대에서 균형을 잡는 운동을 시키자. 이 운동을 통해 공간지각 능력과 읽기 능력이 향상된다. 바닥에 최소 3미터 이상 테이프를 붙여 놓고 걷게 하거나 땅에 놓인 나무 위를 걷게 할 수도 있다. 눈을 감고 선을 따라 걷게 하면 더 큰 도전이 될 것이다.

○ 가족 전체가 삼각형 술래잡기를 해보자. 세 명의 가족 구성원이 손을 잡고 원을 만들어 돌면 4번째 가족이 정해진 술래를 잡으려고 하는 놀이다. 돌고 있는 사람들은 계속해서 잡히지 않기 위해 방향을 바꿀 수 있다.[15]

○ 매일 아이가 힘든 육체적 활동에 참여할 수 있도록 하자. 미국심장협회는 아이들과 청소년들이 다양한 난이도의 육체적 활동을 매일 최소 60분간 할 것을 권장하고 있다.[16]

아이에게 규칙, 의례, 책임감 가르치기

부모의 양육태도는 아이가
어떤 성인이 되느냐에 큰 영향을 미친다.

−윙거트 & 브랜트(Wingert & Brant, 2005)

■ 무엇을 뜻하는가?

최근 많은 부모들은 아동기는 근심 걱정이 없는 행복한 시간이며 아이들에게서 모든 규칙과 책임을 없애면 더 행복할 것이라고 생각하고 있다. 이것처럼 사실과 다른 것도 없을 것이다. 연구 결과를 보면,[1] 가족의 규칙, 의례 그리고 규칙적인 일상과 책임으로부터 오는 일상적인 틀을 뇌에서 갈구한다는 것을 알 수 있다. 주중에 같은 일상이나 절차를 따르는 것은 가정을 좀 더 예측 가능하고 안정적으로 만든다. 삶이 예측 가능하고 자신의 욕구가 충족되면 아이는 안정감을 느끼고 자신이 살고

있는 세상과 타인에 대한 믿음이 생긴다.[2]

예를 들어, 청소년기에 접어든 아이가 통금 시간이 자정으
로 정해진 것을 안다면 더 이상의 논쟁은 필요 없다. 등교 전에
일상적인 관례로서 자신의 침대를 정리하고 가야 한다는 것을
아이가 안다면 아이는 침대를 정리하는 책임에 대해 배우게 된
다. 하지만, 관례 또는 반복적인 행동은 아이의 뇌에서 하룻밤
사이에 습관으로 변하지는 않는다. 계속적인 연습이 필요하
다. 반복적인 일상이 습관이 되려면 뇌에서 계속해서 반복되
어야 한다. 과정을 더 많이 반복할수록 더 빨리 습관이 된다.[4]
그렇기 때문에 매일 아침 침대 정리를 하는 것을 습관을 들이
려고 하면 아이에게 최소한 3주간 매일 침대 정리를 하도록 해
야 한다.

가족 의례나 모든 가족 구성원이 참여하는 정해진 행사가

있는 가족은 아이들에게 소속감과 목적의식을 심어줄 수 있다. 매일 해야 하는 집안일이 있는 아이들은 어딘가에 속해있다는 안도감과 안정감을 느끼거나 다른 사람에게 편안함을 줄 수 있는 곳의 일원이라는 느낌을 받게 된다.[5]

오늘날 많은 부모들은 아이에게 부모가 되는 것보다 어떻게 친구가 될 지만 걱정한다. 실제로, 부모가 가족에게 안정감을 의존한다면, 부모에게 아이의 발전과 성장에 대한 장기적인 투자보다 아이들에게 인기를 얻는 것이 더 중요해 진다.[6] 아이들에게 친구는 충분히 많다. 이 역할을 할 수 있는 또래들은 많이 있다. 아이들에게 필요한 것은 자신의 일상적인 삶 속에서 배려하며 관심을 주는 권위를 가진 사람이다. 체계와 한계를 설정하고 훈육하며 적절한 성장과 발전을 위해서 꼭 필요한 인생 경험을 주는 사람이 필요하다. 부모는 아이가 싫어하는 결정을 내려야하지만 괜찮다. 반드시 왜 그런 결정을 내렸는지 설명하고 왜 그 결정이 아이를 위해서 최선의 결정인지 설명하는 것을 잊지말자. 그런 다음 초지일관 결정을 고수하자! 『부모혁명 스크림프리』의 저자인 렁켈에 따르면, "어른스러운 행동이란 앞으로의 결과를 위해 지금의 불편함을 감내하는 것이다."[7] 아이들에게는 부모가 정하는 규칙, 의례 그리고 책임감이 필요하며 아이들도 이것을 원한다. 아이에게 꼭 필요한 것을 주면서 죄책감을 느끼지 말자.

일상적 과정과 일과를 하는 동안 뇌의 작동 기억 또는 단기 기억이 휴식을 취하며 전두엽 피질에서 고차원의 사고가 진행된다.[8]

교육계에서 최근에 생긴 용어로 **헬리콥터 부모**라는 말이 있다. 이들 부모들은 모든 인종, 민족과 소득 수준을 초월하여 존재하며 이렇게 이름 지어진 이유는 부모들이 아이를 **싸고돌며** 아이가 성공 또는 실패 할 수 있는 모든 개인적인 책임을 떠맡고 간섭하기 때문이다. 부모가 과잉보호하거나 불안 또는 수줍음을 극복할 수 있도록 격려하지 않는 아이들은 많은 경우 불안하고 부끄러움이 많은 성인이 된다.[9] 대학에서도 이러한 부모들에게 대응하려고 노력하고 있다. 예를 들어 이타카 컬리지 홈페이지에는 부모들에게 다음과 같은 조언을 주고 있다. (너무 자주는 말고) 자녀 방문하기, (너무 자주는 말고) 자녀와 대화하기, (너무) 걱정하지 않기, 변화를 받아들이기, 자녀를 믿어주기.[10] 자녀가 자기주도적인 성인이 되길 원하는 부모들은 그것을 부모가 대신 해 줄 수 없다는 것을 받아들여야한다.[11]

헬리콥터 부모보다 더 다루기 힘든 부모가 있다. 바로 스텔스 폭격기인데 그 이유는 아이를 대신해서 요구사항을 갖고 뛰어들기 때문이다. 예를 들어 봄 연극에서 무슨 일이 있더라도 자신의 아이가 주연을 맡게 해달라고 요구하는 부모들이 있다. 그게 뭐가 어떻냐고 물을 수도 있다. 하지만, 실제로 아이가 오디션을 거쳐서 정당하게 그 배역을 따내면 더 소중한 삶의 교훈을 얻을 것이며, 만약 오디션에서 떨어졌다면, 자신이 받아야 한다고 생각했던 것을 얻지 못했을 때 어떻게 행동해야 하는지 배울 수 있는 좋은 기회가 될 것이다. 내가 본 많은 어른들 중에도 어렸을 때 배우지 못했기 때문에 아직까지 이 교훈을 얻지 못 한 사람들이 많다!

규칙과 책임이 중요한 만큼 긍정적인 의례도 중요하다. 어렸을 때를 머릿속에 그려보자. 가족과 함께했던 예식이나 축하 이벤트 중에서 기다려졌던 때는 언제였었나? 우리 가족은 일요일 저녁을 특별하게 여겼고 가족이 모두 참석해야 했다. 모두의 생일은 가족끼리만이라도 축하 파티를 열었다. 또 언제나 여름에 가족여행을 떠났다. 예산이 부족해서 우리가 살던 애틀랜타 내에서 휴가를 보내는 것이라 해도 말이다. 가족 행사를 만들려면 지속적으로 계속해야 한다는 것을 잊지 말자.

그리고 가장 중요한 것은 이것이다. 내 아이들이 우리가 추억을 만들어줬던 것과 같은 방법으로 자신의 아이들에게 추억을 만들어주고 있다. 요즘은 아이들이 기대할 만한 재미있는 집안 행사가 없다.

■ 어떻게 할 수 있을까?

○ 부모들은 아이가 하지 말아야 할 것이 무엇인지 이야기하느라 어떤 행동을 기대하는지 얘기해 주는 것을 등한시한다. 부모가 원하지 않는 행동이 아니라 원하는 행동에 집중하자. 예를 들어, 아이가 집안에서 뛰어 다닌다면 "뛰지마!" 라고

말하기보다는 "걸어다녀!" 라고 말하자. 큰 차이는 아니지만 중요한 차이가 있다. 뇌에서 원하는 행동을 연습하도록 할 수 있다.

○ 가정을 유지하려면 가족 구성원 모두가 도와야 한다는 것을 아이들에게 설명하자. 집안일을 아이가 자발적으로 돕게 하거나 책임을 부여하자. 맡은 일을 열심히 해야 가족들이 효율적으로 기능할 수 있다는 것을 강조한다. 유치원 아이도 침대를 정리할 수 있고, 장난감을 치울 수 있으며 스스로 옷을 입을 수 있다. 아이에게 집안일을 돕게 하면 소속감을 줄 수 있다.

○ 가정이 잘 돌아갈 수 있는 일과를 정립하자. 아이가 어느 정도 컸다면, 일과를 정하고 필요한 이유를 애기하는 대화에 참여시키자. 출근과 등교, 음식 준비, 식사 후 정리, 숙제하기, 취침 등의 일과를 정할 수 있다. 일과가 정해지면 모든 사람들이 정해진 일과를 따른다. 일과가 습관이 되면 아이들은 노력하지 않아도 자동적으로 하게 될 것이다. 일과가 되면 에너지와 시간이 필요한 질문에도 뇌는 자동적으로 반응한다.[13]

○ 일과가 정립되면, 무엇을 해야 하는지 말로만 하는 것이 아니라 행동으로 보여주어야 한다. 실제로 어린 아이들에게는

특정한 상황에서 어떤 행동이 기대되는지 역할 놀이로 알려줄 수도 있다. 예를 들어, 좋은 레스토랑에 외식을 하러 가기 전에 식기 사용법, 올바른 에티켓, 대화 중 목소리 크기 등에 대해서 알려줘야 한다.

○ 과정을 모두 가르치고 연습하고 난 후, 행사 전에 다시 기억할 수 있도록 아이에게 신호를 준다. 예를 들어, 네 살짜리 아이를 데리고 백화점에 간다면, 백화점에 갔을 때 어떻게 행동해야 하는지 답하고 보여주도록 질문해 본다.

○ 모든 가족 구성원을 위한 책임과 일과를 정립했다면, 아이가 일과를 따르지 않았을 때 사용할 벌이 필요하다. 일부 부모들은 아이의 친구가 되려고 너무 노력한 나머지 약속을 지키지 않았을 때 책임을 지도록 하는 것을 꺼려한다. 아이와 같이 앉아서 어떤 벌을 받을지 얘기한다. 하지만 아이가 부모에게 약속 지키기를 기대하듯이 자신의 아이가 약속을 지킬 것이라고 기대해야 한다. 이때 사용할 수 있는 벌칙에 대한 추가적인 내용은 10장에 나와 있다.

○ 아이에게 바라는 행동을 실천하자. 아이가 침대를 정리하기 원한다면, 부모의 침대가 정리되어 있어야 한다. 아이가

자기 주변을 청소하길 원한다면 자신도 똑같이 해야 한다. 아이가 담배를 피거나 마약을 하고 과음을 하는 것을 원하지 않는다면 부모가 이런 행동을 하는 것을 절대 보여서는 안 된다. "내가 행동하는 것처럼이 아니라 내가 하라는 대로 해!" 라는 말은 설 자리가 없다. 아이들은 부모가 보여주는 것을 믿는다.

○ 매년 아이들이 기대할 수 있는 행사를 만들자. 내가 어렸을 때, 매년 여름 어머니와 우리 자매들은 이모와 외삼촌을 뵙기 위해 기차를 타고 뉴욕으로 갔다. 우리는 너무 신이 나서 전날 밤 한숨도 못 잤다. 가족이 모두 매주 일요일에 어김없이 아침과 저녁을 먹었고, 크리스마스이브 저녁식사는 더욱더 특별했다. 이건 자라면서 내가 갖고 있는 소중한 기억들인데, 아이들에게 잊지 못할 추억을 만들어 주자. 이 아이들이 크면 자기 자식들에게 똑같은 좋은 추억을 심어줄 것이다.

○ 아이가 성장할 수 있는 새로운 도전을 하도록 격려하자. 예를 들어, 내 딸 제시카는 고등학교 합창단 선생님에게서 목소리가 아름답다는 말을 듣기 전까지 노래하는 것에 자신이 없었다. 가족이 여러 번 얘기해 줬지만 믿지 않았다. 그러다가 봄 학예회에서 솔로로 노래를 해달라는 요청을 받았고, 우리

가족은 해보라고 격려해 줬다. 그 경험을 통해 제시카는 엄청난 자신감을 얻었고 졸업 후 밴더빌트 대학에 들어가서 합창단 오디션을 보고 입단했다. 시도해 보거나 할 수 있도록 허락해주지 않는다면 아이가 무엇을 할 수 있을지 어떻게 알 수 있겠는가?

긍정적인 면 강조하기

즐겁게 배운 것은 절대로 잊지 못한다.

−앨런(Allen, 2008)

■ 무엇을 뜻하는가?

가족이나 되도록이면 어른에게, 이 실험을 시도해 보자. 주로 쓰는 팔을 옆으로 똑바로 올리게 한 다음, 당신이 그 팔을 잡아 내리려고 할 때 끝까지 버티는 것이다. 이 실험을 두 번 실시한다. 첫 번째 시도에서는 웃기거나 재미있는 것 또는 자기 삶의 매우 긍정적인 부분을 생각하도록 한다. 긍정적인 생각을 하는 동안 팔을 잡아 내린다. 다음, 똑같이 팔을 올린 상태에서 누군가 자신을 매우 화나게 했거나 스트레스 받게 했을 때를 생각하게 한다. 기분 나빴던 때를 기억하고 있을 때, 좀 전에 했던 것처럼 팔을 또 잡아 내린다.

대부분의 결과는 이렇다. 뇌가 긍정적인 생각을 하고 있을 때 팔을 잡아 내리면 힘이 들어간 팔은 아무리 노력해도 절대 내려가지 않는다. 화가 났거나 스트레스를 받았던 생각을 하고 있는 동안 시도하면 아무리 노력해도 팔은 쉽게 내려간다.

우리는 즐거울 때, 뇌의 좌측 전두엽이 활성화된다. 전두엽은 뇌가 집중하고 새로운 정보를 받아들이도록 돕는 중요한 부분이다.[1]

이 실험이 증명하는 것은 무엇일까? 뇌가 긍정적인 생각을 하면 뇌는 자신감에 찬다. 그렇기 때문에 몸이 최상의 상태로 능력을 발휘할 수 있다. 나는 이 개념을 수업 시간에 가르칠 때, 항상 스포츠 선수의 예를 든다. 야구 선수가 안타를 친 후에 자신감을 얻어 그 경기에서 다음 타석에 올랐을 때 또 안타를 치는 경우를 많이 보았을 것이다. 한 번 추가 득점을 올린 풋볼 선수가 다음 추가 득점을 얻을 가능성이 더 높다. 먼저 득점을 한 팀은 처음 득점에서 얻은 자신감 때문에 경기에서

승리할 확률이 더 높다. 성공은 성공을 부른다!

반대로, 뇌가 높은 수준의 스트레스, 분노 또는 두려움을 경험하면, 뇌는 위협을 받게 된다. 뇌의 목표는 생존이기 때문에 위협으로부터 자신을 보호하게 되고 더 많은 양의 혈액을 뇌와 팔다리로 보낸다. 왜 팔다리에 더 많은 양의 피가 필요할까? 위협을 무찌르거나 도망가기 위해서이며 둘 중 생존에 더 효율적인 것을 하기 위해서다. 뇌의 고차원적 사고를 담당하는 부분에 혈액이 부족하므로 효율적으로 기능하지 못하며 논리적으로 사고할 수가 없다. 여러분은 아이에게 너무나도 심하게 화가 나서 마음을 진정시키기 전까지 아이들에게 이성적으로 대응하지 못했던 경험을 해 보았는가? 뇌에서 허락하지 않은 것이다!

아이의 부정적인 행동에 집중하기 보다는 긍정적인 것에 집중하여 좋은 행동을 강화시키자. 적합한 행동을 강화시킬 수 있는 방법 중 하나로 부모가 원하는 것을 했을 때 아이에게 실재적 보상을 주는 방법이 있다. 사회에서도 실재적 보상이 주어지고 있다. 예를 들어, 미식축구 선수가 좋은 성적을 내면 모두 볼 수 있도록 헬멧에 붙이는 스티커를 얻게 된다. 군인들은 메달이나 배지 등을 유니폼에 달아 자신이 성취한 계급이나 주요 업적을 보여준다. 주목할 만한 활동을 보인 배우는 아카데미상을 가수는 그래미상을 타게 된다.

그러나 긍정적인 면을 강화하기 위해서 실재적 보상을 사용하는 방법은 그 효율성이 가장 떨어진다. 왜 그럴까? 보상은 뇌의 내부 동기를 죽일 수 있으며 너무 자주 사용하면 아이들이 "제가 이걸 하면 뭘 주실 건가요?" 라는 질문을 하게 될 수도 있다. 아이는 자신이 하는 모든 것의 대가를 바라게 되고 현실사회에서는 대가를 주지 않는다. 사람들은 자신이 한 모든 일에 대하여 대가를 받지는 못한다. 사실상, 대가를 지불해도 사람들을 계속 행복하게 할 수는 없다. 많은 부모들이 아이에게 물건을 사주면 그것으로 아이에게 사랑을 보여 줄 수 있다고 생각한다. 나는 그 분들에게 **다시 생각하시라**고 말씀드리고 싶다! 만약 실재적 보상을 주기로 했다면, 아이가 왜 그것을 받는 것인지 정확하게 알리고 주도록 한다. 물건이 아니라 주는

부모가 돈이나 선물을 주며 학습 시킬수록 내재적 동기나 즐거움은 더욱 떨어진다.[2]

이유가 더 중요하기 때문이다.

긍정적인 면을 강화할 수 있는 또 다른 방법은 특혜이다. 특혜는 아이가 부모 말을 잘 따랐기 때문에 영화 관람, 친구와 놀기 또는 통금 시간 연장 등을 받는 것이다. 아마도 물건을 주는 것보다 특혜가 뇌에 더 좋을 것이다. 하지만, 이것도 긍정적인 면을 강화하는 가장 좋은 방법은 아니다.

세 번째로 긍정적인 면을 강화하는 가장 효과적인 방법은 사회적 강화물을 사용하는 것이다. 사회적 강화물은 긍정적인 의견, 긍정적인 쪽지, 칭찬, 축하 그리고 기타 부모와 아이의 긍정적인 상호작용을 말한다. 이것은 실재적 보상이나 특혜보다 더 좋은 효과가 있으며 현실사회에서도 많이 사용되고 있다. 실제로 나는 내가 맛있는 저녁을 만들었다고 남편에게서 스티커를 받는다거나 사탕을 받은 기억은 전혀 없다! 그렇지만, 음식이 얼마나 맛있는지 남편은 여러번 얘기해 주었다. 그 의견이 바로 사회적 강화물이 되는 것이다. 칭찬을 할 때, 아이의 능력보다는 아이의 노력을 높이 평가해주어야 하며, 진정성을 갖고 칭찬해야 한다. 아이가 중심이 되는 칭찬이어야 하고 그 행동을 지속하려면 지금까지 아이가 성취한 것을 칭찬해줘야 한다.

■ 어떻게 할 수 있을까?

○ 자신과 아이에게 긍정적인 환경을 만들어 주자. 가족은 집에 가는 것이 즐거워야 한다. 집은 위협이 없는 육체적으로나 정신적으로 안전한 곳이어야 한다. 미소, 웃음, 긴밀한 관계, 소속감 등이 일상적인 상호작용에 묻어나야 아이가 싫어할 만한 주제에 대해서 부모가 이야기 할 때, 아이는 자신을 위해서 부모가 하는 말이라는 것을 알 수 있다.

○ 선물을 주거나 강요하지 않고 자연스럽게 학습할 수 있도록 아이에게 영감을 주자. 학습은 생존 본능이기 때문에 뇌는 자연적으로 배우려는 동기를 갖고 있다.[4] 실제로, **즐겁게 배운 것은 절대 잊어버리지 않는다.**[5] 만약 선물을 주는 것으로 시작했다면, 서서히 그 빈도를 줄이자. 이 책의 두 번째 파트에 나와 있는 방법을 사용하여 즐겁게 참여하면서 배울 수 있도록

이끌자.

○ "내 행동이 아니라 말을 따르라"라는 말은 소용이 없다. 아이가 하기를 바라는 행동을 부모가 해서 학습의 기쁨을 알려줄 수 있는 표본을 아이에게 제시하자. 아이가 숙제를 마치는 동안 부모도 필기구를 들고 일을 할 수 있다. 조용히 자녀가 책을 읽을 때, 부모도 좋은 책을 골라 같이 읽을 수 있다. 천 마디 말보다 한 번의 행동이 더 가치 있다.

○ 아이의 행동과 부모가 생각하는 아이의 성격을 분리할 수 있어야 힌다. 아이가 한 행동이 마음에 들지 않을 수 있지만, 그런 부적절한 행동으로 인해서 부모의 무조건적인 사랑이 변하지 않았다는 것을 보여주어야 한다.

무조건적인 사랑과 진정한 의욕을 갖고 있다면 "잘했어!"라는 말은 할 필요가 없다. 하지만 그 것이 부재하다면, "잘했어!"라는 말을 해도 소용이 없다.[6]

○ 아이가 잘못할 때까지 기다렸다가 잘못한 일로 혼을 내기보다는, 어떤 행동이 올바른 행동인지 더 잘 기억할 수 있도록 행동을 시작하기 전에 상기시켜주자. 예를 들어, 쇼핑을 같이 갔을 때 기대하는 행동을 미리 알려주고 가서 상기시켜준다.

○ 아이에게 걱정되는 점을 얘기할 때, 개별적으로 불러서 얘기를 나누자. 긍정적인 말들로 대화를 시작하고 끝낸다. 예를 들어, 청소년기의 자녀에게 통금 시간을 어긴 것에 대해서 얘기할 때, 처음 대화를 "저녁 식사 준비를 돕겠다고 자발적으로 얘기해 줘서 고마워. 우리 가족에 큰 도움이 되어 주는구나. 지난 금요일 밤에 네 귀가 시간이 좀 걱정스러운데 그 얘기를 해 볼까"라면서 시작할 수 있다. 두 사람이 사안에 대해서 충분히 얘기하여 어떻게 대처할 것인지 결정했다면, 아이에게 작은 실수가 부모와의 관계에 영구적인 영향을 미치지는 않았다는 사랑한다는 표현을 하고 난 후에 대화를 마치자.

○ 가능하다면, 보상보다는 긍정적인 대안을 아이에게 제시하자. 예를 들어, 어떤 일을 먼저 할 것인지 아이가 정하도록 하거나, 가족이 함께 식사할 장소를 정할 수 있도록 해주는 것이다. 아이에게 선택권이 있으면 자신의 환경에 대한 관리 능력

을 경험하게 된다.

○ 자녀가 잘 한 일을 칭찬하는 쪽지를 아이가 잘 볼 수 있는 곳에 남기자. 예를 들어, 베개 위에 침대를 잘 정리한 것을 칭찬하는 쪽지를 남기거나 특정 과목에서 향상된 성적을 칭찬하는 쪽지를 책가방 안에 넣어준다. 그냥 사랑한다는 쪽지도 자주 보내자. 이것은 자녀와의 관계에 큰 도움이 될 것이다.

○ 긍정적인 환경을 만들기 위해서는 집안에 긍정적인 가사의 에너지 넘치는 음악을 틀어놓으면 좋다. 가족이 함께 따라 부르고 즐길 수 있나. 음악은 뇌의 상태를 변화시킬 수 있다는 것을 기억하자.

○ 뇌는 축하 행사를 좋아 한다! 작은 일이지만 아이가 성취한 일을 축하하자. 예전에는 잘 못했지만 향상된 모습을 보였다면 아이에게 향상하도록 노력해 주어 고맙다고 알린다. 예를 들면, 가족 중 누군가 잘 한 것이 있으면 하이파이브, 토닥여주기, 박수 또는 환호 등을 할 수 있다. 다음의 시에는 이 장에 나왔던 개념이 잘 실려 있다.

"A를 두 개 받았어요," 꼬마 소년이 소리쳤다.

목소리에는 기쁨이 가득했다.

아버지는 퉁명스럽게 말했다,

"세 개는 왜 못 받았니?"

"엄마, 설거지 다 했어요,"

문 앞에서 아이가 말했다.

어머니는 조용히 말했다,

"바닥은 쓸었니?"

"잔디 깎았어요," 키 큰 소년이 말했다,

"잔디 깎는 기계도 치웠어요."

아버지는 무시하며 물었다,

"진흙을 털어냈니?"

옆집 아이들은

행복하고 즐거워 보였다.

같은 일이 이 집에도 있었지만,

반응은 달랐다.

"A를 두 개 받았어요," 꼬마 소년이 소리쳤다.

목소리에는 기쁨이 가득 했다.

아버지는 자랑스럽게 말했다, "멋지구나!

네가 내 아들이란 게 자랑스럽다."

"엄마, 설거지 다 했어요,"

문 앞에서 아이가 말했다.

엄마는 웃으면서 조용히 말했다,

"매일 매일 더 사랑한다."

"잔디 깎았어요," 키 큰 소년이 말했다,

"잔디 깎는 기계도 치웠어요."

아버지는 즐겁게 대답했다,

"너 때문에 하루가 즐겁구나."

자신이 해야 할 과제에 대해서

아이들은 격려가 필요하다.

아이가 행복한 인생을 사는 것은,

부모에게 달려있다.

-작자미상

부정적인 면 덜 강조하기

만성 스트레스를 안고 사는 사람의 뇌와 몸은
빨리 늙을 뿐만 아니라 기억력도 저하된다.

–말코위츠 & 젠슨(Markowitz & Jensen, 2007)

■ 무엇을 뜻하는가?

나는 아이에게 화가 난 부모들을 본 적이 있고, 보통 그럴만한 이유가 있었다. 규율을 가르치려고 아이에게 소리를 고래고래 지르고 신체 부위를 잡아채는 부모도 보았다. 이런 일이 또 일어난다면 앞서 소개했던 말을 기억하자. 나를 화나게 하는 사람이 나를 지배한다!

아이에게 소리치고 윽박지를 때, 뇌는 생존 모드로 변하고 진정했을 때만큼 논리적으로 사고하지 못한다. 동시에 아이의 뇌 또한 생존 모드로 전환되어 상황을 더 악화시키는 행동이나 말을 할 가능성이 높아진다. 위협을 받았을 때 뇌의 상태에 대한 지난 장에서 했던 실험을 기억하는가?

다음에 아이에게 몹시 화가 났을 때, 이 개념을 기억하고 훈계를 하기 전에 먼저 진정하자. 제대로 생각할 수 없을 정도로 부모가 몹시 화가 났을 때 언어적 신체적 폭력이 난무하게 된다. 보통 때 같으면 하지 않을 말이나 행동을 하게 되고 그것으로 인해서 아이에게 신체적 정신적 상처를 주게 된다. 부모가 나중에 사과를 한다고 해도, 아이는 마음속에서 경멸의 말이나 신체적 폭력을 보였던 모습을 계속해서 다시 떠올리게 되고 잊지 못한다. 언어폭력도 신체적 폭력만큼이나 아이에게 심각한 영향을 미친다는 것을 잊어서는 안 된다! 겉으로 멍든 것을 볼 수 없다고 해서 아이가 상처 받지 않은 것은 아니다.

> 폭력적인 환경에서 자란 아이는 자신이 필요한 것을 얻기 위해서 자신도 폭력적이고 공격적이 되어야 한다고 배운다.[1]

남편과 아내가 서로에게 화가 났을 때, 대화하는 것은 적절하지 못 할 수도 있다. 아이는 지속적으로 부모가 싸우는 모습을 볼 필요가 없다. 부모는 자신이 진정했을 때를 기다린 다음 서로 마주 앉아 의견이 충돌했던 부분을 이야기해야 한다. 만약 화가 난 상태에서 싸우면, 서로 후회할 말을 하게 되고 사과를 받는다고 해도 머릿속에서는 그 말이 맴돌고 궁극적으로 관계는 파괴된다.

또한, 화가 나면 뇌와 신체에서 스트레스 호르몬인 코티졸과 아드레날린이 분비된다. 약간의 코티졸과 아드레날린은 신체에 나쁘지 않다. 실제로 낮거나 중간 정도의 스트레스는 뇌와 신체가 행동하는데 필수적이다. 그러나 높은 수준의 스트레스는 뇌나 신체 모두에 좋지 않다. 스트레스와 질병은 밀접한 상관관계가 있으며 모든 질병은 스트레스로 인하여 악화된다.

> 일상적인 불안과 두려움, 심한 우울증, 심리적 외상 후 스트레스 장애(PTSD)를 통해 받게 되는 스트레스는 뇌의 기억을 관장하는 세포인 해마를 파괴시킨다.[2]

많은 양의 코티졸과 아드레날린은 면역체계를 저하시키고 기억력을 감퇴시킨다. 심한 스트레스 아래서 몸은 제대로 반응하지 못한다. 운동선수의 예를 들어보자. 실책을 범하는 야구 선수는 또 다른 실책을 범하는 경우가 많다. 자신이 스트레스를 많이 받던 때를 떠올려 보자. 그 경험 자체가 잊혀지지는 않지만, 그 때 누군가 당신에게 논리적으로 무언가 가르쳐 주려고 했다면 그 내용이 무엇이었는지 기억나지 않을 것이다.

> 불안이나 위협으로 인한 부정적인 스트레스는 엄청난 양의 글루코코르티코이드를 인체에 분비하고 현재 뿐만 아니라 미래의 학습에 방해가 될 수 있다. [3]

■ 어떻게 할 수 있을까?

○ 아이를 혼내거나 비판할 때, 말이 전하는 메시지는 단지 7%에 불과하다. 나머지 93%는 목소리 톤, 얼굴 표정을 비롯해 다른 비언어적 메시지를 통해 전해지며 부모가 갖고 있는

힘으로 인하여 증폭된다.[4] 바로 이 93%를 조심해야 한다. 왜냐하면 당신의 메시지를 말보다 더 많이 전달하기 때문이다. 아이가 듣고 있지 않는 것 같아 보여도 아이들은 그러한 부정적인 반응에 생각보다 많이 영향을 받는다.[5] 부모의 방법이 강압적이지 않을 때 더 큰 영향을 줄 수 있다는 것을 기억하자.

○ 아이의 나쁜 행동을 조용한 방법으로 고칠 수 있을 때가 있다. 이것은 완곡한 중재라고 하며 상황에 큰 변화 없이 아이의 나쁜 행동을 고칠 수 있다. 더 심한 조치를 취하기 전에 이 방법을 먼저 사용해 보자. 예를 들면 다음과 같은 것이다.

- **눈의 초점** – 어떤 부모들은 아이가 나쁜 행동을 하면 특정한 방법으로 쳐다보고 그러면 아이는 바로 행동을 멈춘다.

- **어깨에 손** – 일부 아이들은 짜증이 나거나 과잉행동을 보일 때 어깨에 손을 대면 진정하게 된다.

- **근접성** – 아이 가까이 다가가는 것으로 아이의 행동이 부적절했다는 교훈을 줄 수 있다.

- **신호** – 다른 사람들은 알지 못하게 부모와 아이 사이에 특별한 신호를 만들 수 있다.

● **무시** – 만약 아이가 자신이나 남을 다치게 하는 것이 아니라 단지 관심을 끌려고 하는 행동이라면, 적절한 행동을 할 때까지 무시를 해야 할 수도 있다.

○ 아이와 논쟁을 벌이고 있을 때, 아이가 언성을 높이면 당신은 목소리를 낮추어라. 소리를 지르는 것은 일촉즉발의 상황을 더 악화시킬 수 있으며 당신과 아이의 뇌를 생존 모드로 변환시키게 된다. 그렇게 되면 논리적으로 말하는 것이 힘들어지고 그 상황에 가장 좋은 방안을 생각하기가 어려워진다.

○ 아이의 잘못된 행동을 지적할 때 그 행동에 대해 아이를 탓하기보다는 '나' 메시지를 사용하자. '나' 메시지는 아이의 행동에 관심을 두는 것이 아니라 그 행동으로 인하여 당신이 어떤 영향을 받는지에 초점을 둔다. '나' 메시지의 예를 들자면, "우리는 가족이고 서로 지지해 줘야하기 때문에 엄마(나)는 네가 동생을 놀리도록 둘 수가 없구나" 또는 "선생님께서 네가 숙제를 제출하지 않는다고 말씀하셨을 때 엄마(나)는 많이 실망했단다" 라고 말할 수 있다.

○ 규율을 가르치는 시간으로 가장 좋지 않은 시간은 당신이 아이에게 화가 났을 때이다. 이장 앞부분에서 이미 이유를

언급했듯이, 이때 당신은 신체적, 정신적으로 아프고 상처가 되는 말을 하거나 행동을 할 가능성이 많다. 부모가 높은 스트레스 또는 분노를 느낄 때 아동 폭력이 가장 많이 일어난다는 것을 기억하자.

○ 아이에게 극도의 분노를 느낀다면, 당신이 진정할 때까지 아이를 방으로 들여보내고, 뇌의 높은 수준의 사고 영역에 다시 혈액이 공급될 수 있도록 하자. 시간을 갖고 상황을 어떻게 다룰지 생각하자. 그런 다음 차분하고 총명하게 대처하자.

○ 아이에게 어떠한 임의의 벌을 주는 것을 자제하자. 벌은 순간적 충동으로 정하게 되는 일관성 없는 훈계 방법이다. 또한 당시 부모 뇌의 상태에 기반을 둔 감정에 의해 주어지게 된다. 벌을 받으면 화가 날 뿐만 아니라 부모-자식 관계가 손상되고 아이가 이 일의 핵심이 무엇인지 잊게 만들며 아이가 더욱 자기중심적이 되고 결과적으로 효과도 없다.[6]

○ 아이와 신체적인 싸움을 피한다. 여기에는 밀기, 당기기, 체벌 또는 다른 종류의 부정적인 신체적 접촉이 포함된다. 다음은 체벌을 피해야할 이유다. (1) 공감과 논리적 결과는 문제 해결 능력을 길러주므로 더 강력한 해결책이다. (2) 체벌을 한

다고 아이의 잘못된 행동이 없어지지 않는다. (3) 대부분의 아이들은 자신의 잘못된 행동에 대해서 반성하기보다는 그냥 맞는 것을 더 선호한다. 또한 (4) 체벌은 원망, 분노 그리고 복수와 같은 부정적인 결과를 가져올 수 있다.[7]

○ 아이를 과소평가하고 비하하며 굴욕감을 줄 수 있는 비꼬는 말은 삼간다. 잦은 비난은 역효과를 낳을 수 있는데 만약 아이가 부모를 절대 만족시킬 수 없다고 생각하게 되면 노력도 더 이상 하지 않을 것이다.[8]

○ 어떤 행동이 부적절한지 차분하게 아이와 이야기하자. 반드시 아이에게 자신의 의견을 피력할 수 있도록 해주고 당신이 말한 것보다 두 배를 말 할 수 있도록 해주자. 다음의 네 가지 질문을 지침 삼아서 대화를 이끌어가자.

- 상황을 설명한다. 어떤 일이 일어났니?
- 너의 상황 대처 방법은 어땠니?
- 너의 방법이 적절했을까? 왜 그렇지? 또는 왜 그렇지 않지?
- 이런 일이 다시 생기면 어떻게 행동할 거니?

부정적인 감정은 아이가 통제하기 더 힘들기 때문에, 어른이

이런 감정에 대해서 이야기 할 때 아이는 이 감정을 제어하는 방법을 배울 수 있다.[9]

○ 의사 결정은 인생의 일부이다. 인생에서 하나의 기본적인 진리는 우리가 내린 모든 결정에 결과가 따른다는 것이다.[10] 우리는 인생에 긍정적 또는 부정적인 영향을 미칠 수 있는 결정을 언제나 내리면서 산다. 스포츠를 통하여 이 개념에 적절한 예를 찾을 수 있다. 미식축구 또는 하키에는 규정 위반에 대한 벌치이 있고. 야구에서 감독이 너무 심하게 어필을 하면 경기장 밖으로 쫓겨나고, 농구에서는 비신사적인 행동으로 인한 파울이 있다. 징계와는 달리 대가는 모든 사람들이 미리 예측할 수 있고 사람들은 그 행동을 할지 말지 결정할 수 있다. 대가는 모든 사람들이 뭘 기대해야 할지 알기 때문에 실행하는 데 감정을 덜 실을 수 있다. 예를 들어, 우리가 제한 속력을 초과하면 어떤 대가를 치러야 할지 알고 있다. 당신도 아이의 잘못된 행동에 대한 대가를 정할 수 있을 것이다. 사전에 미리 정해 놓고 아이가 어떤 대가를 치러야 하는지 인지시킨다.

○ 대가란 아이가 원하는 일은 아니지만 정신적으로나 신체적으로 해가 되지 않는 것을 말한다. 자연적인 대가가 가장 좋

다. 그 이유는 잘못된 행동에서 자연스럽게 대가를 정할 수 있고 아이의 뇌에 행동에 대한 원인과 결과를 입력시킬 수 있기 때문이다.[11] 예를 들어, 아이가 어지럽혔다면 자신이 다시 치워 놓아야 한다. 만약 누군가의 마음에 상처를 줬다면, 사과를 하고 상황을 바로 잡을 수 있는 일을 해야 한다. 남의 것을 파손했다면, 돈을 벌어서 교체하도록 해야 한다.

○ 특혜를 없애는 것도 적절한 대가에 속한다. 특혜를 빼앗는다는 것은 지난번 나갔을 때 통금 시간을 지키지 않았기 때문에 이번 토요일에 외출을 금지시키는 것이다. 비디오 게임을 하거나 휴대폰 사용을 금지시키는 등 좋아하는 일을 하지 못하게 하는 것은 특혜를 빼앗는 예이다.

○ 우리는 대가에 대해서 이야기했다. 그러나 이런 대가만으로 아이의 나쁜 행동을 고칠 수 있을 것이라고 생각해서는 안 된다. 만약 대가를 치르도록 하는 것으로 행동이 변화된다면 감옥에 여러 번 들어가는 사람은 없었을 것이다. 실제로 재범 확률 또는 출소 후 교도소에 다시 들어갈 확률은 첫 출소 후 3년 이내에 약 67%라고 한다. 대가를 치르도록 하는 것이 아마도 인생에서 필요한 일이겠지만 장기적으로 행동을 변화시키는

것은 긍정적인 대가이다. 가장 흉악한 범죄자를 수감하는 기관에는 행정상 부정적 대가를 치르도록 해 놓았지만 이와 더불어, 수감자와 계속 교류하고 인생의 목적을 주려는 노력을 함께 하고 있다. 재범 연구에 의하면 미국 고졸 학력 인증서(GED)를 취득하거나 기술 자격을 얻은 수감자는 출소 후 다시 수감될 확률이 적다. 아이의 잘못된 행동을 좋은 행동으로 바꾸도록 노력하자. 긍정적인 목적을 심어주자. 이 책에서 그 방법을 얻을 수 있을 것이다!

만성적 행동 및 기분장애 식별하기

나쁜 행동을 하는 아이조차도 그런 나쁜 행동을 통해서
얻는 것이 있기 때문에 그렇게 행동한다.

−코트러(Kottler, 2002)

■ 무엇을 뜻하는가?

예전에는 좀 다르다고 여겨졌던 행동들에 요즘은 병명이 다 붙
는 것 같아서 이 장을 쓰는 것이 꺼려졌다. 실제로 현재 모든
행동에 이름이 붙은 것 같지만 많은 아이들의 행동이 이렇게
분류되지는 않을 것이다. 그렇지만 이런 병명을 듣거나 아이가
진단을 받았을 때 부모가 그것이 무엇을 뜻하는지 아는 것은
중요하다.

　가장 흔히 볼 수 있는 장애를 언급하기 전에 아이가 학교에
서 혼란을 겪을 수 있는 네 가지 주요 이유에 대해서 이야기해

보자. 첫째, 아이는 단순히 따분할 수 있다. 우리가 좋든 싫든 간에 아이들은 즐거운 것을 누리는데 익숙해져있다. 텔레비전, 비디오게임, 핸드폰 그리고 컴퓨터 없이 아이들은 시간을 어떻게 보내야 하는지 잘 모르는 경우가 많다. 속담에 "게으른 자의 마음은 악마의 작업장이다"라는 말이 있다. 아이에게 목표가 없고 하루 종일 할 일이 없다면, 나쁜 일에 휘말릴 수도 있다. 둘째, 아이들은 관심을 갈구하며 원하는 만큼의 관심을 받지 못한다고 생각하기 때문에 관심을 얻으려고 행동한다. 좋지 않은 종류의 행동을 할 수도 있다. 실제로, 부정적인 관심도 무관심보다는 낫다. 셋째, 일부 아이들은 힘과 권력을 추구하고 누릴 자격이 있다고 생각하는 권리를 어른이 뺏으려고 할 때 어떻게 반응해야 할지 잘 모른다. 마지막으로 일부 아이들은 자신이 부족하다고 느낀다. 특정 학습장애 또는 학문적인 문제 때문에 학생들은 자신감을 잃고 자신이 요구 받는 것을 할 수 없다고 생각한다. 그래서 무력감을 부적절한 행동으로 감춘다. 학교에서 학급 친구들에게 유머있는 사람으로 비치는 것이 더 좋다고 생각한다. 아무도 '학급 멍청이'로 보이고 싶어하지 않는다!

　이것이 바로 아이들이 비행을 하는 일반적인 이유들이다. 예

를 들어, 건강한 아이들도 가난, 불안정 그리고 스트레스로 인
하여 ADHA와 비슷한 증상을 보일 수도 있다.[1] 그렇지만, 이
것이 극단에 이르면 아이는 앞으로 다루게 되는 만성적인 행동
과 기분장애를 일으키게 된다. 만성 장애란 앞서 언급했던 증
상이 하나씩 나타는 것이 아니라, 여러 증상이 지속적으로 나
타나야 한다.

본격적으로 이야기하기 전에 **동반질병**에 대해 먼저 언급해
야 할 것 같다. **동반질병**은 한 아이에게 하나 이상의 만성 질환
의 증상이 나타나는 것을 말한다. 그렇기 때문에 앞으로 각 증
상에 대해 다룰 때 여러 가지 장애의 증상을 한 아이에게서 발
견할 수도 있을 것이다.

계속해서 행동적인 문제를 보이는 학생들은 학습, 학교 심지어
자기 자신에 대해서도 아주 부정적인 생각을 갖고 있다.[2]

앞서 이 책에서는 부모들이 이런 만성행동과 기분장애를 줄
일 수 있는 방법을 설명했다. 예를 들어, 부모가 강한 반감을

갖거나 비판적인 생각 또는 폭력적으로 아이를 대하면 아이는 적응력이 떨어지고 사람들과 관계를 맺는 것을 힘들어하며 행동 상의 문제를 보일 가능성이 크다.[3] 그렇지만, 반드시 그렇게 되는 것은 아니다. 부모가 아이에게 모든 것을 다 잘해주어도 앞으로 언급할 장애를 보일 수도 있다. 그럼, 각 장애와 그 증상을 살펴보도록 하자.

주의력결핍장애(ADD) / 주의력결핍과다활동장애(ADHD)

아동기는 활동적인 시기다. 그렇지만 또래 다른 아이들보다 특히 더 가만히 앉아있거나 집중하는 것을 어려워한다면 주의력결핍과다활동장애(ADHD) 때문일 수 있다. 주의력 결핍은 과다 활동을 반드시 동반하지는 않는다. 과다 활동 증상이 없는 아이들은 생각하지 않고 먼저 행동할 수 있으나 계속 움직이지는 않는다. ADHD를 유발하는 요소로는 비정형뇌발달, 영양소 결핍, 태중 알코올, 마약, 담배에 대한 노출 또는 급변하는 폭력적인 이미지에 대한 노출 등이 있다. 통계에 의하면, ADHD 치료를 받지 않은 아이의 35%가 학교를 중퇴하고, 40%에서 50%는 반사회적인 활동에 참여하게 되며 70%에서 80%는 직장에서 평균 이하의 성과를 보이게 된다. 또한 이들의 교통사고 확률은 더 높으며 우울증과 성격 장애를 겪을 확률도 더 높다.[4] 소아과 의사, 정신과 의사 또는 임상 사회 복지사와 같은 전문가만이 ADHD를 진단할 수 있다.

주의력결핍과다활동장애는 2003년 미국에서 학령에 달한 아이들에게 가장 많이 내려진 진단이다.[5]

주의력결핍과다활동장애의 증상에는 다음의 것들이 포함되며 이 밖에 다른 증상을 보일 수도 있다.

- 한 가지 일을 빨리 시작하지만 끝내지 못한다
- 시간에 대한 적응과 관리를 잘 못한다
- 생각하지 않고 행동부터 한다
- 정리 능력이 떨어진다
- 만족감을 잠시 미뤄두지 못한다
- 감정 기복, 반항, 폭력성
- 과거의 실수에서 교훈을 얻지 못하고 계획을 세우지 못한다
- 단기 기억력이 좋지 못하다

행동 장애

행동 장애가 있는 아이들은 심각한 반사회적 행동을 보이며 부모들이 다루기가 매우 어렵다. 이런 아이들은 다른 사람들의 권리를 침해하는 지속적인 폭력 패턴을 보인다. 행동 장애 아동이 더 늘어나는 사회적인 요소로는 줄어드는 가족과의 시간, 질서가 없는 가정생활, 긍정적인 아버지 상의 부재 그리고 사회적으로 늘어나는 폭력에 대한 무감각 등을 들 수 있다. 여자보다는 남자들에게 더 많이 나타나는 장애이다.

> 뇌에 스트레스 호르몬이나 코티졸이 낮은 남자 아이들은 대가나 처벌을 두려워하지 않으며 행동 장애의 증상을 드러내기도 한다.[6]

행동 장애 증상에는 다음의 것들이 포함되며 이 밖에 다른 증상을 보일 수도 있다.

● 분열적 또는 폭력적 행동 패턴

- 고의적으로 폭력을 사용하거나 괴롭힌다
- 다른 사람의 감정을 배려하지 않고 죄책감이 없다
- 동물을 괴롭히거나 죽인다
- 거짓말, 도둑질을 하고 왜 자신을 사람들이 믿지 못하는지 이해하지 못한다
- 타인에 대한 공감력이 떨어진다
- 물리적으로 타인에게 가혹하게 대한다
- 자신의 잘못을 남의 탓으로 돌린다

우울증

우울증은 몸과 마음 모두를 공격할 수 있는 만성적이고 심각하며 매우 힘든 기분장애이다. 어른들에게 많이 나타난다고 생각하지만 많은 십대들이 우울증을 앓고 있다. 심각한 우울증을 앓는 사람에게는 무력감, 집중력 감퇴, 불안감이 나타날 수 있으며 잠을 너무 많이 자거나 불면증으로 힘들어 할 수도 있다. 강도가 낮은 다른 종류의 우울증으로는 최소한 2년 정도 지속되는 **기분저하장애**가 있으며, 겨울에 더 많이 일어나는 **계절성 우울증**이 있다. 치료를 받지 않으면 아이들은 수면장애 또는 약물남용 등 더 부정적인 행동을 보이게 된다. 사춘기 이전

의 남녀의 우울증 발병률은 같다. 그렇지만 사춘기가 지나면 여성이 남성보다 우울증으로 고생할 가능성이 두 배나 높다.

19세까지 미국 젊은이의 약 28%가 심각한 우울증을 경험하게 된다.[7]

우울증 증상에는 다음의 것들이 포함되며 이 밖에 다른 증상을 보일 수도 있다.

- 지속적인 슬픔 또는 외로움
- 이유 없이 몸이 쑤시고 아프다
- 친구들과의 단절
- 죽음에 대한 생각 또는 자살 충동
- 피곤과 무력감
- 집중력 저하
- 죄책감 또는 무가치함
- 학업 성적 저하(완벽주의적 성격을 가진 아이들은 우울

증을 앓으면서도 좋은 성적을 유지할 수 있다[8]

학습된 무기력

학습된 무기력이란 아이가 예전에 피할 수 없었던 고통스러운 자극을 경험한 후에 불쾌한 자극을 피하려고 실패하는 것을 말한다.[9] 학습된 무기력은 장애라기보다는 상태이기 때문에 쉽게 치료될 수 있다. 아이는 자신이 어떻게 반응하든지 결과는 부정적일 것이며 자신이 할 수 있는 것은 아무것도 없다고 생각하기 때문에 시도도 하지 않는다. 이런 아이들은 무관심하고, 수동적이며 내성적이거나 일부는 게으르다고 표현할 수도 있다. 그렇지만 보이는 것이 전부는 아니다. 학습된 무기력은 다음의 사건들에 의해서 발생할 수 있다. 어린 시절 방치, 정신적 충격이 되는 사건을 막을 수 없었던 무력감, 부모나 선생님이 아이에게 너무 많은 것을 해주거나, 자신의 실패는 자신의 성격적 결함 때문이라고 계속 들어와서 그렇게 믿음으로 인해 발생한다. 부모가 아이를 실패로부터 과잉보호하면 자연적인 결과를 경험할 수 없고 실수와 투쟁이 배움의 일부라는 것을 경험할 수 없다. 이런 무의식적인 사고로 인하여 학습된 무기력을 초래할 수 있다.[10]

학습된 무기력 증상에는 다음의 것들이 포함되며 이 밖에 다른 증상을 보일 수도 있다.

- 놀라운 사건에도 반응을 보이지 않는다
- 상황을 제어할 수 있다는 생각을 하지 못한다
- 필요할 때 자기주장이나 반감을 드러내지 못한다
- 동기 부여가 부족하다
- "귀찮게 왜?" 또는 "무슨 상관이야?" 라는 말
- 아무런 감정 없이 행동한다
- 체중 또는 식욕 감퇴
- 사교 능력이 떨어진다

적대적 반항장애(ODD)

18개월에서 36개월 아동의 적대적 행동은 정상적인 것이다. 이런 행동이 너무 심각해지고 지속적이 되면 문제가 있는지 살펴봐야 한다.[12] 적대적 반항장애(ODD)는 적대적이고 부정적이며 만성적인 행동 패턴이 최소한 6개월 이상 지속되는 것을 말한다. 이런 장애가 있는 아이들은 다른 사람의 감정에 아랑곳하지 않고 공격적이며 반항적이다. 행동 장애와 비슷하지만 폭력성은 없으며 아이의 천성적인 성격, 환경적인 요인(알코올 문제 또는 범법행위로 문제가 있는 부모), 이혼 가정, 성적 신체적 폭력, 환경적 독소 또는 뇌의 낮은 세로토닌 수치 등이 원인이 될 수 있다.

> 적대적 반항장애는 최소 절반 또는 그 이상의 정신건강 상담 이유에 해당되며 사춘기 이전에는 남성에게 많이 나타나며 사춘기 이후에는 남녀 비율이 비슷하다.[13]

적대적 반항장애 증상에는 다음의 것들이 포함되며 이 밖에 다른 증상을 보일 수도 있다.

- 욱하고 화를 낸다
- 어른에게 반항하거나 언쟁을 한다
- 이유 없이 앙심을 품는다
- 자긍심이 낮다
- 타인에 의해 쉽게 짜증을 낸다
- 원망하거나 화를 낸다
- 고의적으로 남을 귀찮게 한다
- 불경스러운 말을 사용한다

급성 스트레스 장애

어느 정도의 스트레스는 우리에게 좋은 영향을 준다. 약간의 아드레날린이 몸속에 흐르면 동기 부여가 되며 최선을 다하려고 노력하게 된다. 그렇지만, 과도한 스트레스는 고통이라고 불리며 우리의 뇌와 몸에 위협이 된다. 고통은 만성적인 상태로 부정적인 기대의 호르몬인 코티졸을 분비 시킨다.[14] 고통은 기억력과 창의력에 방해가 되고 면역력을 약화시키며 개인의 사회적 능력을 저하시키고 학습과정에 방해가 된다. 태중에서의 스트레스, 일분 당 94개 이상의 심장박동, 뇌의 전두엽의 기능장애 그리고 혼란스럽거나 분열적인 가정환경 등이 원인이 될 수 있다. 이 범주에 들어가는 **외상 후 스트레스 장애**(PSTD)는 물리적 폭력, 사랑하는 사람의 갑작스러운 죽음 또는 개인 질병과 같은 생활의 큰 변화가 일어났을 때 발생한다.

> 가정 내에서 폭력을 경험하면 만성 및 급성 스트레스 수치가 상당히 올라 갈 수 있다.[15]

급성 스트레스 장애 증상에는 다음의 것들이 포함되며 이 밖에 다른 증상을 보일 수도 있다.

- 외상적 사건에 대한 꿈 또는 회상
- 상황에 대한 무감각 또는 무반응
- 극도의 경계심 또는 흥분 상태
- 불면증
- 짜증 또는 불안
- 좋아하던 일에 대해 흥미 상실

- 폭력성 증가
- 타인에 대한 애정을 느끼기 어려움

『성공하는 사람들의 7가지 습관』에서는 모든 사람의 인생에 기본적으로 있는 두 가지 원에 대한 개념을 소개한다. 큰 원인 **관심의 원**과 그 안에 있는 작은 원인 **영향력의 원**이 있다. 관심의 원은 우리가 우려하고 있으나 아무것도 할 수 없는 것을 의미한다. 영향력의 원은 우리가 우려하는 것들 중에서 직접적으로 영향을 미칠 수 있는 것을 의미한다 (아래 도표 참조). 엄청난 스트레스를 받고 있는 사람들은 자신이 아무것도 할 수

없는 것들에 대해서 생각하며 자신의 시간 대부분을 관심의 원 안에서 보낸다. 성공적인 사람들은 영향력의 원 안에서 자신이 변화시킬 수 있는 것들을 변화시키면서 시간을 보낸다.

이탈리아 아시시의 성 프란체스코의 평정심을 위한 기도(Serenity Prayer)도 마찬가지다.

> 주여, 제 힘으로 바꿀 수 없는 것들을 받아들이는 평정의 마음과
>
> 바꿀 수 있는 것을 바꾸는 용기,
>
> 그리고 이것을 분간할 수 있는 지혜를 주소서.

내가 이 개념을 소개하는 이유는 만성 장애를 갖고 있는 아이들을 다룰 때 스트레스를 많이 받게 된다. 하지만, 이 아이들이 변화할 수 있는 구체적인 것들에 집중할 것을 상기시키기 위해서이다.

■ 어떻게 할 수 있을까?

○ 아마도 1장에서 10장의 개념들로 아이들을 채우면 만성 행동장애가 애초에 나타나지 않을 것이다. 그 개념들로는 아이와 관계 맺기, 차분하고 도전과제는 많지만 스트레스가 적

은 집안 환경 만들기, 아이에게 책임감 주기, 아이를 대할 때
부정적이기보다는 긍정적으로 대하기 등을 예로 들 수 있다.
증상이 나타나기를 기다리지 말고 사전에 적극적으로 이런 증
상이 나타나지 않도록 대처하자.

○ 가끔은 부모로서 모든 것을 잘해도 아이에게 만성행동
장애가 나타날 수 있다. 아이를 다루는 자신의 능력에 대하여
긍정적인 자세를 유지하고 부모가 기대하는 긍정적인 변화를
보기까지 시간이 걸린다는 것을 인식하자. 궁극적인 목표로
가는데 성취한 아주 작은 것도 모두 축하하자.

○ 아이와의 긴밀한 관계는 이 과정에서 유지되어야 한다.
행동과 아이를 분리하도록 하자. 부모도 인간이고, 아이가 하
는 일에 화가 날 수 있다. 특정 행동을 용인해서는 안 되고 그
행동을 뿌리 뽑으려고 하는 와중에도 아이를 계속 사랑으로
대해야 한다.

○ 아이가 긍정적인 행동을 할 수 있도록 계획을 세우는데
도움을 줄 수 있는 전문가의 도움을 받자. 아이의 학교에 이런
도움을 줄 수 있는 사람이 있을 수 있다. 이런 도움을 줄 수 있
는 사람으로는 행정 관리자, 학급 선생님, 카운슬러, 심리학

자, 사회 복지사, 특수 교육 선생님 등이 있다. 자신과 아이를 위해 영향력의 원 안에서 도움을 얻는 것도 용기가 있다는 증거이다.

○ 아이의 숙제를 도와줄 때, 이 책의 다음 파트에 나오는 뇌계발 전략들을 사용하자. 여기 소개된 뇌계발법은 모든 아이들, 특히 전통적인 학습 방법으로 공부하는 것을 어려워하는 아이들이 활발하게 참여할 수 있는 방법을 알려준다. 예를 들어, 집중력이 떨어진나면 운동 학습을 추가하면서 집중력을 높일 수 있다. 운동은 사고를 잡아준다.[16] 학생들에게 뇌계발 전략을 사용하는 학교로 전학하자. 주의력 결핍 증상을 보였던 우리 아들 크리스는 정상적으로 배울 수 있었다.

○ 아이가 어느 정도 컸다면 20가지 방법을 가르쳐 주고 숙제를 하거나 시험 공부를 할 때 하나를 선택하여 사용해 볼 수 있다. 예를 들어, 아이가 노래나 운율을 맞출 수 있다면 운동을 만들거나 시각적인 정리를 하여 내용을 외울 수 있다.

○ 만성 장애를 앓고 있는 아이들 중 다른 아이들보다 체계가 더 필요한 아이들이 있다. 이러한 체계는 8장에서 논의되었던 것처럼 집에서 어렸을 때부터 확립된 일과와 과정에 의해서

성립된다. 아이가 매일 안정감을 느낄 수 있도록 집에서의 스케줄이 예측 가능하게 하자.

○ 만성적인 행동 장애가 있는 아이를 다룰 때 긍정성과 차분함을 유지하자. 아이의 행동에 대해 협박, 처벌 그리고 기타 부정적인 반응을 없애자. 아이의 뇌에서는 이미 스트레스 호르몬인 코티졸이나 두려울 때 생성되는 아드레날린이 생성되고 있을지도 모른다. 부모가 탓하거나 협박을 하면 뇌에 이런 물질의 분비가 더 늘어나게 되며 아이가 더욱 적의를 갖고 언쟁을 하거나 더 폭력적이 될 수 있다. 부모의 반응으로 인해서 상황이 더 악화될 수 있다.

○ ADD/ADHD 증상을 보이는 아이들에게는 다음에 집중한다. 긍정적인 행동을 강화시키고 부정적인 것은 교정한다. 위협이나 고통을 피하고 외부 포인트나 상 같은 강화제를 사용한다. 글로 아이와 소통하고 시간 관리 방법을 알려준다.[17]

○ 행동 장애 증상을 보이는 아이들에게는 다음에 집중한다. 긍정적인 환경을 제공하고 증거없이 아이의 이야기를 믿지 않는다. 명확하게 요청하고 일관되게 행동하며 상보다는 특혜를 사용한다. 아이에게 미리 앞으로의 계획을 이야기해주고

영양을 골고루 섭취할 수 있도록 도와준다.[18]

○ 우울증이 있는 아이에게는 다음에 집중한다. 육체적인 활동을 더 많이 시키고 목표 설정과 대처 방법에 대해 가르친다. 균형 잡힌 아침, 복합 탄수화물(시리얼, 파스타, 감자), 트립토판(우유, 칠면조 고기와 아보카도), 그리고 단백질(살코기, 요거트, 견과류와 달걀)[19]이 있는 적절하게 균형 잡힌 영양을 공급해 준다. 적절한 영양소에 대해서는 4장을 참조한다.

○ 학습된 무기력을 보이는 아이들에게는 다음에 집중한다. (p. 129에 자세히 설명되어 있나. – 억사 주) 뇌가 긍정적인 상태를 유지하도록 해주고, 에너지 넘치고 적극적인 자세를 유지한다. 아이와 좋은 관계를 유지하고 여러 가지 경험에 아이가 도전할 수 있도록 한다.[20]

○ 적대적 반항 장애가 있는 아이에게는 다음에 집중 한다. 행동 계획을 통해서 상벌에 대해 아이와 합의를 한다. 대립하지 않는 방식으로 대응하고 아이의 이야기를 믿기 전에 확인한다. 일관성을 유지한다.[21]

○ 스트레스 장애를 보이는 아이들에게는 다음에 집중 한다.

긍정적으로 대하고 아이와 교감하기 위해 시간을 갖는다. 체계와 일과를 확립한다. 심호흡, 요가, 시각화 또는 운동 등 스트레스 해소 방법을 가르치고 목표를 설정하도록 격려한다.[22]

○ 여러 만성행동장애가 있는 아이들을 다루는데 에릭 젠슨의 『다른 뇌, 다른 학습법』은 매우 훌륭한 자료가 될 것이다.

최고를 기대하고 성공을 시각화하기

아이들에 대해서 어떻게 이야기 하느냐가
아이들과 어떻게 얘기하는지 보다 더 중요하다.

－런켈(Runkel, 2007)

■ 무엇을 뜻하는가?

기대의 효과에 대한 대규모 연구가 1960년대 하버드대학교에서 실행되었다. 실험 심리학 교수인 로버트 로젠탈은 학생들을 대상으로 실험을 실시했다. 그는 학생을 실험그룹과 통제그룹으로 나누었다. 학생들은 흰 쥐가 미로를 가장 빨리 통과할 수 있는 방법을 찾아야 했다. 실험그룹의 학생들에게는 실험쥐가 특별히 사육되었으며 능력이 뛰어날 것이라고 미리 말해 주었다. 통제그룹의 학생들에게는 아무것도 이야기해 주지 않았다. 그 학생들에게는 그냥 평범한 실험쥐일 뿐이었다. 어떤 결과가 일어났을까?

그렇다! 실험그룹의 쥐가 통제그룹의 쥐보다 서너 배 더 빨리 미로를 빠져나왔다. 사실상 두 그룹의 쥐에는 아무런 차이가 없었다. 쥐는 그냥 평범한 실험쥐였고 무작위로 학생들에게 나눠주었다. 그럼 무엇 때문에 차이가 난걸까? 실험그룹의 학생들은 통제그룹의 학생들보다 응원하고 동기부여를 하는 행동을 더 많이 보였다. 심지어 "잘한다, 쥐야, 잘한다!"라는 소리까지 들을 수 있었다. 이 그룹의 학생들은 쥐가 할 수 있는 것보다 더 큰 기대를 갖고 있었다.

이 실험은 로스앤젤레스 카운티 학군에서 다시 되풀이 되었다. 로버트 로젠탈은 레노어 제이콥슨과 팀을 이뤄 피그말리온 효과라고 불리는 유명한 실험을 실시했다. 일부 교사들에게 그들의 반 학생들은 **대기만성형**으로 구성되어 있으며 지금까

사람이 행복할 때 생성되는 뇌 화학물질 또는 신경 전달 물질인 도파민은 학교와 개인 관계에서의 성공과 긴밀한 연관이 있다.[1]

 제1부 인생에서 성공하는 아이로 키우는 방법

지 잘 하지 못했더라도 더 향상된 성과를 기대하라고 얘기하였다. 다른 교사들에게는 학생들에 대한 특별한 얘기를 하지 않았다. 실험실에서와 같은 일이 교실에서도 일어났다. 그 해 교사의 기대를 더 많이 받았던 학생들이 다른 반에 비해 성취도는 물론 적성 시험에도 더 높은 점수를 기록했다. 연구를 통해 기대만큼 얻을 수 있다는 것을 알 수 있다!

나는 많은 기대를 받고 자랐다. 나의 할아버지와 할머니는 모두 대학교육을 받지 못하셨다. 내 어머니는 대학에 다녔고 아버지는 대학을 40대에 졸업하셨다. 그렇지만 우리 집에서 교육은 최우선 순위를 차지했다. 우리 자매들은 대학을 가야 할지 고민하지 않았다. 부모님은 우리가 대학에 갈 것이라고 말씀하셨다. 그게 그분들의 기대였다! 우리는 또한 모든 학생들의 성취도에 대해 기대가 높았던 학교에 다녔다. 실제로 나의 고등학교 동창은 토크쇼를 진행한다. 나는 그녀를 고등학교 때 영어 수업에 내 뒤에 앉았던 글렌다로 기억하고 있지만 여러분은 티비 법정을 진행하고 있는 해쳇 판사로 알고 있을 것이다. 내 고등학교 동기들은 의사, 변호사, 교사, 목사 등으로 성장하여 사회에 큰 기여를 하며 살고 있다.

내 아버지는 30여 년 전에 돌아가셨지만 자식들이 자란 것을 보시면 자랑스러우실 것이다. 언니 앤은 박사학위를 받았고 내가 애틀랜타의 스펠만 컬리지에 다닐 때 나의 불어 교수님이시기도 했다. 나의 동생 엘리노어는 애틀랜타 심포니 오케스트라, 우드 러프 아트센터, 하이 미술관 및 애틀랜타의 알리안츠 극장의 인 사부장이다. 나는 어린이, 부모, 교사 그리고 행정직 교육 분야 에서 커리어를 쌓았다. 우리 부모님은 기대했던 것을 얻으셨다!

아이들에게 좋은 것을 기대하고 그것을 얘기하자! 또한 아 이들의 성공을 시각화하자! 시각화란 마음속으로 상상한 것 을 이루는 것을 말한다. 시각화를 하면 실제로 볼 때와 같이 뇌의 시각 피질이 활성화된다.[2] 운동선수들도 실제 경기 전에 시각화를 한다. 린지 본이 2010년 동계 올림픽에서 경기 전 스 키 다운힐 시합을 시각화하는 모습을 보았는가? 금메달을 딴 것을 보면 시각화가 효과가 있었다! 테니스 선수 로저 페더러도

부모가 생각하는 만큼 청소년기의 아이가 학업을 계속 이어 가게 되고 청소년 자녀의 성취도가 높을수록 자신에 대한 기 대 또한 높으며 공부를 더 많이 하게 된다.[3]

경기 시작 전에 자신이 이기는 모습을 시각화한다. 그래서 모든 경기를 이길까? 아니다! 그렇지만 그는 이 시대 최고의 테니스 선수 중 하나이다. 나의 조카 캐서린은 소프트볼 투수이며 게임 전에 스트라이크를 던지는 모습을 시각화하도록 교육 받았다. 그래서 그런지 아주 잘 던진다! 올림픽에 다시 소프트볼이 포함 되게 된다면 미래에 내 조카를 올림픽에서 볼 수 있을 것이다.

아이에게 큰 기대를 갖고 아이 또한 이 기대를 채울 수 있다 고 믿도록 믿든다. 그렇지민 모든 아이가 그 똑같은 길을 갈 것 이라고 생각하지는 말아야 한다. 모든 아이들의 성격이 다르 듯이 학습 방법 또한 다르기 때문이다.

위대한 운동선수(예: 골프 또는 스키선수)나 배우들이 그렇듯 이 아이들도 자신이 성취하는 모습을 시각화할 수 있다.[4]

■ 어떻게 할 수 있을까?

○ 아이에게 좋은 일을 기대하고 있다는 것을 얘기해 주고

아이들이 할 수 있다고 얘기한다. 긍정적인 결과를 기대하면, 그런 결과를 얻도록 에너지를 소모하게 되며 부정적인 결과를 기대하면 실패하도록 에너지를 쓰게 된다.[5] 부모의 긍정적인 기대를 소통할 수 있는 용어들을 사용하자. 부모가 얼마나 기대하고 있는지 말해주고, 아이가 원한다면 무엇이든지 다 될 수 있다고 얘기해 준다. 아이의 학습에 관심을 갖자. 부모의 관심이 아이의 성취도에 영향을 주며 교육적 열망과 직업 선택에도 영향을 미친다.[6]

○ 아이들에게 예의를 지키고 아이들도 지키도록 한다. 사회에서 예의가 점점 사라지면서 우리 아이들도 예의가 점점 없어진다. 내가 어렸을 때, 아버지께는 "예, 아버지" 그리고 어머니께는 "네, 어머니"라고 존칭을 사용했다. 나의 아이들에게는 그렇게 시키지는 않지만 "네, 아니오"라고 대답해야 한다. "응, 아니"는 안되며 "닥쳐!" 같은 말은 절대로 허용하지 않는다.

○ 아이 수만큼의 다른 성격과 학습 스타일이 있다는 것을 기억하자. 그렇기 때문에 아이를 서로 비교해서는 안 된다. 아이는 절대로 "왜 넌 언니처럼 못하니?" "네 형은 잘 했는데 넌 아니구나"와 같이 부모가 비교하는 것을 들어서는 안 된다.

○ 50년간의 연구를 통해 나는 사람들은 자기가 원하는 대로 생각한다는 것을 알게 되었다. 자기 충족적 예언이라는 개념으로 많은 사람들이 알고 있다. 예를 들어, 부모를 화나게 하는 행동을 하는 문제를 갖고 있는 아이가 있다면, 아이가 약간 잘못된 일을 해도 이미 아이에게 기대하고 있는 것이 있기 때문에 "네가 그럴 줄 알았다"는 반응을 보이게 된다. 심지어 아이가 잘한 일은 보지 못하게 된다. 그렇지만, 행실이 바르다고 기대하는 아이가 있다면 부정직인 행동은 긍정직인 행동에 의해서 무시되고 그 아이에 대해서 이미 생각하고 있는 것이 강화된다. 이렇듯 아주 말썽꾸러기 아이에게서도 긍정적인 행동을 볼 수 있도록 마음을 열고 바라보자.

○ 나는 사람을 네 가지 유형의 성격 또는 기질로 분류하는 트루 컬러라고 부르는 게임을 가르친다. 이 개념은 담즙질, 흑담즙질, 다혈질, 점액질로 사람을 분류했던 히포크라테스의 시대로 거슬러 올라간다. 트루 컬러에서는 기질 연구와 황금색, 파랑색, 녹색 그리고 주황색을 연결시킨다. 각각의 색마다 다른 장점이 있다. 황금색 아동은 정리정돈을 잘하고 순서대로 정리되었을 때 가장 잘 배운다. 이런 아이들은 방을 깨끗하

게 유지하고 책임감이 강하다. 파랑색 아동은 가정의 중재자이며 평화주의자며 모든 가족 구성원을 소중하게 여긴다. 녹색 아동은 언제나 "왜?" 라는 질문을 하며 문제 해결을 위해 지식을 사용한다. 주황색 아동은 혁신주의자이며 모험심이 강하고 인생에서 즐거움과 활동을 즐긴다. 각기 다른 아이들의 장점을 활용하고 그들의 재능을 가정에 도움이 되도록 사용하자.

○ 트루 컬러 프로그램은 어떤 색이든지 너무 색이 강하면 해롭다는 것을 알려준다. 그렇기 때문에 아이가 자신의 장점을 높게 생각하면서도 단점은 보안하여 삶에 균형을 잡을 수 있도록 도와야 한다. 황금색 성향이 너무 강한 아이는 깐깐하고, 명령을 잘하고, 편견이 있을 수 있고 타인의 의견을 고려하려하지 않는다. 파랑색이 너무 강하면 아이는 가정에서의 어떤 의견 충돌도 불편해 하며 너무 과도하게 남을 만족시키려고 한다. 녹색 성향이 강한 아이는 지식에만 편향되어 대인관계나 사회성이 떨어질 수 있다. 주황색이 강한 아이는 위험을 두려워하지 않으며 부모가 세운 규칙이나 규제를 자주 어긴다. 각 아이의 장점을 이용하고 단점을 보완하기 위한 구체적인 계획을 짜도록 도와주자.

○ 자녀들이 인생의 단기 및 장기 목표를 세우도록 돕자. 미취학아동은 하루 또는 일주일 같은 짧은 기간에 성취할 수 있는 목표로 세운다. 아직 인내심이 없기 때문이다! 점점 나이가 들면서 좀 더 긴 기간의 계획을 세울 수 있을 것이다. 목표를 세우면 아이들이 목표에 집중할 수 있고 그 일을 하는 동안 목표 성취를 기대하면서 엔돌핀(기분을 좋게 해주는 뇌 화학물질) 생성이 자극된다.[7]

○ 아이들이 설정한 단기 및 장기 목표를 성취하는 자신의 모습을 시각화 또는 그려보도록 하자. 앞으로 2년, 5년 또는 10년 후에 어떤 모습일지 아이들에게 질문해 보자. 시각화의 힘은 강력하다! 뇌는 마음속에서 그려 보거나, 시각화하면 실제로 일어났을 때와 같은 과정을 거치게 된다. 아이의 목표를 알게 되면, 그 목표를 성취하기 위한 구체적인 단계들에 대해서 함께 이야기해 본다. 계획을 글로 쓰고 주기적으로 참고한다.

○ 아이들에 대한 칭찬을 당사자뿐만 아니라 다른 사람들에게 하는 모습을 보여주자. 아이의 능력보다는 과제를 성취하기 위해 기울인 노력에 대해서 칭찬해 주며 자신이 성공할 수 있다는 자신감을 심어준다. 성공의 많은 부분은 자기 능력에

대한 믿음에서 오는 것임을 기억하자. 이것은 타고난 능력과 환경을 결합한 비중과 같다. 스포츠에서 상대팀보다 실력은 떨어지지만 성공에 대한 태도와 믿음으로 인해서 우승하는 모습을 종종 보았을 것이다.

○ 뇌는 큰 도전과제를 좋아하지만 스트레스는 좋아하지 않는다! 아이의 정신적 육체적 능력을 확장할 수 있는 새롭고 특이한 시도를 아이가 해 보도록 격려해 주자. 시도도 해보지 않는다면 아이에게 어떤 능력이 있는지 어떻게 알 수 있겠는가? 아이들은 부모가 대신 해주거나 칭찬해 줄 때가 아니라 자신이 어려운 것을 성취해 나가면서 자신이 유능한 인간이라고 궁극적으로 믿게 된다.[8] "어려움을 격고 나면 더 강해진다"라는 옛 속담을 기억하자!

○ 비밀은 도전 과제에 대한 자신감을 잃지 않도록 하는데 있다. 아이의 뇌를 높은 스트레스가 아닌 어느 정도의 스트레스에 노출시킨다. 시도해서 성공적하지 못했더라도 시도해보지 않은 것 보다 낫다.

○ 아이에 대한 기대를 낮춰야겠다는 생각이 든다면 다음의 시를 상기시켜 본다.

나는 말 잘 듣는 학생이다.

성적도 괜찮다.

수업도 잘 듣고,

학교도 매일 나간다.

선생님들은 나에게 평범하다고 하고

부모님도 그렇게 생각하신다.

그 사실을 몰랐었다면 좋겠다.

왜냐면 하고 싶은 것들이 참 많으니까.

로켓도 만들고 싶고.

관련 책도 갖고 있다.

그리고 우표 수집도 시작했다.

하지만 이제 시도해서 뭐할까.

내가 평범하다는 것을 알게 되고

그 의미는 내가 특별하지 않다는 것이란 걸

알 만큼 나는 영리하다.

- 작자 미상

학교에서 성공하는 아이로 키우는 방법

뇌 연구에 대한 상당부분은 로저 스페리 박사에 의해서 1960년대 시작되었다. 그는 간질 환자들에게 좌뇌와 우뇌를 이어주는 뇌량을 절단하여 간질성 발작을 통제하려는 시도를 하고 있었다. 그는 간질 환자들이 정상적으로 기능하는 것처럼 보이지만 자신이 하고 있는 과제에 따라서 한 쪽 또는 다른 쪽의 뇌에 의존한다는 것을 발견했다. 현재 우리가 알고 있는 좌우의 뇌 이론은 간단하다. 정보를 습득하거나 과제를 해결할 때, 뇌는 사실상 양쪽 뇌를 모두 사용한다는 것이다.

이 연구는 1990년대까지 계속되었으며 이 시기는 '뇌 연구의 10년'이라고 불린다. 이 기간 동안 알츠하이머와 파킨슨 병과 같은 뇌질환 치료 방법을 찾기 위해 수백만 달러가 투입되었다. 그 결과, 신비롭고 불가사의하게 설계된 이 장기에 대해 많은 것을 알아낼 수 있었다. 예를 들어, 수상 돌기라고 불리는 뇌세포가 가장 많이 성장하는 시기는 0세에서 4세까지라는 것을 기억할 것이다. 하지만 두 번째 뇌성장의 시기는 십대 초기이다. 그렇기 때문에 중학생들이 뇌를 쓰지 않는 것은 좋지 않다. 또한 뇌의 전두엽에서 논리력과 고차원의 사고 능력을 관장한다. 전두엽은 20대가 될 때까지 완전하게 성숙하지 않는 반면 뇌에서 감정을 관장하는 부분은 훨씬 빨리 성숙한다. 이것은 청소년들이 이성이 아닌 감정에 의해서 결정을 하기 때문에 항상 좋은 판단을 내리지 못하는 것을 잘 설명해 준다. 청소년 자녀가 다음에 좋지 못한 결정을 내린다면 화내지 말자. 차분하게 "이해한다. 애야, 네 전두엽이 성숙해지려면 시간이 걸린단다"라고 말하자!

그 동안의 뇌 연구에 대한 나의 공부와 학습을 통하여 기억력을 도울 수 있는 20가지 방법이 있다는 결론을 내렸다. 하워드 가드너의 다중지능이론 또는 로버트 스턴버그의 성공지능 이론 등 어떤 이론을 검토해 보더라도 그 이론에 다음에 소개하는 20가지 방법 중 한두 가지를 발견할 수 있을 것이다. 나는 이 목록을 작성하여 교육자들을 위해서 펴낸 일명 문제집 시리즈의 토대로 사용했다. 부모는 아이들의 첫 번째이며 가장 좋은 선생님이므로, 아이들이 중요 개념을 이해하고 기억할 수 있도록 부모들도 이 방법을 알면 좋을 것이다. 대부분의 방법은 책 전반에 걸쳐서 설명되고 있으며 다음과 같다.

뇌계발

1. 브레인스토밍과 토론
2. 그림 그리기 및 미술
3. 견학
4. 놀이
5. 도식 조직표, 의미 구조도 및 단어 거미줄
6. 유머
7. 조작, 실험, 실험실 및 모델
8. 은유, 비유 및 직유
9. 기억 장치

10. 운동

11. 음악, 리듬, 운율, 그리고 랩

12. 프로젝트 및 문제에 대한 지시

13. 상보적 교육과 협동 학습

14. 역할 놀이, 연극, 시낭송, 및 제스처 놀이

15. 구연동화

16. 기술

17. 시각화 및 지시적 심상요법

18. 시각 자료

19. 체험 학습 및 견습

20. 글쓰기 및 일기

이 방법은 모든 뇌의 학습 성취도를 높여 줄 뿐만 아니라 교습 및 학습을 즐겁게 하며 관심을 갖도록 만들어 준다! 목록을 훑어 보면, 언급된 방법들이 초등학교 저학년에서 많이 사용되는 방법들이란 것을 알 수 있을 것이다. 유아원, 유치원, 일학년과 이 학년 때 움직이고 노래하며 그림과 놀이를 통해서 학습한다. 아이러니하게도 언급된 네 가지, 즉 육체적인 움직임과 운동, 음악 또는 미술과 놀이는 나이가 들어도 젊음을 유지할 수 있도록 해주는 것들이다. 우리가 살면서 이것들이 필요 없다는 생각은 어떻게 하게 된 것일까? 이것들은 삶의 필수적인 것들임을 잊지 말자! 내 인생의 목표 중 하나는 모든 교육자와 부모들이 이 사실을 깨닫도록 하는 것이다.

전 세계의 부모들이 자신의 자식도 내 아들과 비슷한 특징이 있다고들 하므로, 내 아들 크리스에 대한 이야기를 마저 하겠다. 크리스는 저학년이었을 때, A만 받는 학생이었다. 중학교로 진학하면서 C와 D를 받기 시작했다. 그리고 고등학교에 가서는 D와 F를 받게 되었다. 크리스가 있던 학급의 거의 모든 선생님들은 위에 업급된 방법을 사용하지 않았고 아들의 성적과 학급 다른 학생의 성적도 떨어지게 되었다. 크리스는 자신감을 잃었고 우리가 꺼려하는 집단의 아이들과 어울리게 되었다.

결국 우리는 크리스를 동네 학교에서 아버지 타이론이 앞서 언급하는 방법을 사용하는 학교를 찾아서 전학시켰다. 만약 학생군사교육단(ROTC)을 가르치는 사람을 안다면 교과과정을 문의해 보기 바란다. 군의 후원으로 운영되는 청소년 도전 아카데미에서 크리스는 졸업을 했을 뿐만 아니라 자신의 그룹에서 리더십을 보인 것으로 리더십 상을 수상했다.

모든 사람에게는 재능이 있다. 내 아들에게도 재능이 있었다. 크리스는 그림을 잘 그리고 손으로 조립하는 것을 매우 잘 하고 기술적인 면이 매우 능숙하다. 만약 중학교와 고등학교 선생님들이 미술이나 기술, 운동, 역할극이나 놀이 등 뇌에 좋은 방법들을 사용했더라면 크리스와 같은 학생들은 학교에서 뛰어난 성적을 냈을 것이다. 덧붙여 말하자면, 크리스는 지금 애틀랜타 예술학교에서 미디어 아트 및 애니메이션 과에서 공부하고 있고 자신이 하고 있는 공부를 너무도 사랑한다. 자신의 재능에 꼭 맞는 공부를 하고 있는 것이다!

내가 전하고자 하는 말은 무엇일까? 언급한 20가지 방법을 사용하면 아이의 재능을 발견할 수 있다. 아이의 청각, 시각, 운동 및 촉각 학습 능력을 측정할 수 있는 방법을 알게 될 것이다. 이 방법을 통해 아이가 학교에 미리 대비할 수 있을 뿐만 아니라 일과 삶의 실생활에서도 성공할 수 있도록 도와줄 수 있다.

웃고 즐기기: 아이와 부모에게 좋은 것

즐겁게 배운 것은 절대 잊지 않는다.

-앨런(Allen, 2008)

■ 무엇을 뜻하는가?

시합을 절대로 같이 해서는 안 되는 동물은? 치타 (치터 [cheater: 부정행위를 하는 사람]와 비슷한 발음).

0번이 8번에게 한 말은? 벨트 멋진데!

거북이가 길을 건넌 까닭은? 쉘(Shell: 껍데기라는 의미이며 석유회사 이름이기도 함) 주유소에 가기 위해서.

청포도가 적포도에게 한 말은? 숨 쉬어! 숨 쉬어!

이 수수께끼를 보고 웃었다면 내 목적은 달성된 것이다. 웃음, 유머 그리고 긍정은 뇌의 학습력 뿐만 아니라 수명까지 연장한다는 것을 알고 있는가? 코미디언의 평균 수명을 알고 있는가? 조지 번스는 103세까지 살았고, 밥 홉은 100세 그리고 필리스 딜러는 90대 중반으로 여전히 살아있다. 〈댄싱 위드 더 스타〉에서 83세의 클로리스 리치먼을 보았을 것이다. 베티 화이트는 거의 90에 가까운 나이에도 배우로서 전성기를 누리고 있다. 물론 예외도 있다. 버니 맥과 존 리터는 젊은 나이에 죽었지만 코미디언은 대부분 장수하는 것으로 보인다.

> 웃음은 폐를 움직이고, 피를 돌게 하며 혈압과 스트레스 호르몬 수치를 낮춰주므로 내면의 조깅과도 같고 이미 심장마비를 겪었던 사람들의 재발 비율을 낮춰준다.[1]

이런 현상에는 생물학적인 이유가 있다. 산소의 증가, 맥박 수 저하 그리고 엔돌핀 생성(기분이 좋아지는 화학물질)은 웃음의 세 가지 긍정적인 신체적 현상이다.[2] 우리가 웃는 동안 인체에서는 T세포(T-cell)를 생성한다. T세포는 면역체계를 강화시키며 인체가 질병과 질환을 이겨낼 수 있도록 해준다. 웃음은 아이의 스트레스 레벨을 낮춰주고 아이가 민첩성을 유지하고 만족감을 갖는데 필수적인 다양한 신경 전달 물질을 증가시킨다.[3] 하루에 15분 동안 크게 웃으면 건강한 라이프스타일을 유지할 수 있다고 한다.

반면 스트레스는 노화의 가장 큰 이유로 알려지고 있으며 스트레스와 질병 간에 상관관계가 성립되는 것으로 알려지고 있다. 스트레스 때문에 얼굴이 노화될 뿐만 아니라 세포와 동맥 또한 노화된다. 이것은 몸이 원래보다 더 빨리 노화되는 것을 의미한다. 전 미대통령을 보면 최고 사령관으로서 받는 스트레스로 인하여 얼마나 노화했는지 알 수 있다. 최근의 많은 연구에서 심혈관계 질병에 스트레스가 미치는 영향을 알아보고 있다. 52개국의 11,000명의 심장마비 환자에 대한 연구에서 환자들이 심장마비를 겪기 바로 전 해에 다른 13,000명의 건강한 사람들에 비해서 환자들은 가족문제, 재정문제와 우울증으로 스트레스를 더 많이 받았다고 한다.[4]

웃으면 뇌가 학습하기에 좋은 상태가 되며 규칙을 적용하기 잠재적으로 힘든 상황도 완화시킨다. 그렇지만 유머와 비아냥거림을 혼동해서는 안 된다. 아이를 비하하고 놀리거나 비웃는 모든 상처가 되는 말들은 아이와의 관계에 흠집을 낼 뿐만 아니라 고차원의 사고력을 무력화시킨다. 아이가 그 말에 웃었다 할지라도 그 말에 상처를 받지 않은 것은 아니다. 부모가 존중 받고 싶다면 아이도 똑같이 존중해줘야 한다는 것을 기억하자. 결국 아이도 상처를 받으면 되받아서 비아냥거리게 되고, 문제가 더 커질 수 있다.

심장병에 불안, 스트레스, 적대감, 우울 등의 심리적 사회적 요소들로 인한 위험이 심혈관질환의 전통적인 의학적 원인인 비만, 흡연, 고혈압만큼 큰 영향을 미친다는 것이 연구를 통해 밝혀지고 있다.[5]

많은 사람들이 잘 모르는 것이 있다. 뇌는 진짜 웃음과 가짜 웃음을 분간하지 못한다. 기분이 좋지 않아도 가짜로 웃을 수 있고 그 반응은 여전히 몸에 좋다. 이것이 인도에만 1,800개의 웃음 클럽이 있는 이유이다. 사람들이 모여서 함께 웃고 (가짜든 진짜든) 건강이 좋아지는 것을 체험하고 있다.

사람들에게 동기부여를 효과적으로 하려면 생존, 소속감과 사랑, 자유, 권력 그리고 즐거움이 모두 충족되어야 한다.[6] 심지어 이런 속담도 있다. "자신의 일을 사랑하는 사람은 일이 놀이와 같으므로 단 하루도 일한다는 느낌을 받지 않을 것이다." 이것이 내가 퇴직을 하지 않는 이유 중 하나이기도 하다. 나는 일하는 것이 너무나 즐겁다! 놀이를 통해서 학습 개념을 강화하면 뇌가 즐거울 뿐만 아니라 배운 것을 기억할 수 있다.

■ 어떻게 할 수 있을까?

○ 매일 아이들이 기대할 수 있는 긍정적인 것을 만들어 주자. 아침에 좋은 하루를 기약하고 얼마나 사랑하는지 표현한다. 대부분의 청소년들이 그렇듯, 아이가 긍정적으로 반응하지 않더라도 부모의 메시지는 받아들이게 된다. 아이가 집에 돌아왔을 때 하루를 어떻게 보냈는지 물어보고 똑같은 질문을 부모에게도 할 수 있도록 분위기를 만든다. 아이의 말을 경청한다. 듣는 것만으로 많은 것을 알 수 있다.

○ 어떤 사람들은 선천적으로 다른 사람들보다 더 유머러스한 사람들이 있다. 어떤 사람들은 농담을 더 재미있게 전달한

다. 주황색 성격 유형 중 많은 사람들이 선천적인 코미디언이
다. 재밌는 농담을 할 자신이 없다면, 유머집을 사서 아이들에
게 얘기할 만한 적당한 것을 뽑아 볼 수 있다. 웃음은 모든 사
람들의 뇌를 긍정적인 상태로 만들 뿐만 아니라 수명도 연장
할 수 있다. 매월 발행되는『리더스 다이제스트』도 재미있는
유머를 찾을 수 있는 좋은 자료이다.

○ 초등학교 아이의 뇌는 아직도 성장하고 있기 때문에 유머
의 미묘한 부분을 이해하지 못하는 것은 당연하다. 하지만 아
이들은 수수께끼를 좋아한다. 더 나이가 든 청소년들은 저학
년 아이들보다 언어 능력이 더 발달했기 때문에 유머, 풍자 또
는 아이러니의 미묘한 부분을 이해한다.[7] 수수께끼 책을 사서
아이와 함께 하나씩 읽어 보자. 아이들은 자신만의 수수께끼
를 만드는 것도 좋아하므로 시간을 주고 그렇게 할 수 있도록
해준다. 고학년 아이들과 함께 할 수 있는 수수께끼는 다음과
같다.

● 전체가 흑백이고 읽을 수 있는 것은? 신문.

● 뇌를 운영하는 물고기의 이름은? Aneurosturgeon (neuro
  는 신경, sturgeon은 철갑상어라는 뜻이나, Surgeon 외과

의사와 발음이 비슷함)

● 과학자가 초인종을 달지 않은 이유는? 노벨(Nobel 이름이 발음상 No Bell[종이 없음]과 비슷하여)상을 타고 싶어서.

○ 아이와 적절히 재미있는 영화를 함께 시청한다. 같이 크게 웃자! 메릴랜드 대학교 의과대학에서는 15분 동안 코미디 영화를 보면 혈류량이 증가할 뿐만 아니라 그 후에도 45분간 말초 동맥을 쉬게 해준다는 것을 발견했다.[8]

○ 청소년 자녀가 있다면 시사적인 만화를 통해서 고차원의 사고력을 개발할 수 있도록 돕자. 일간지나 잡지에서 찾을 수 있는 이런 만화는 그 의미가 숨겨져 있고 독자의 경험적인 바탕이 필요하기 때문에 해석하기가 쉽지 않다. 아이와 함께 앉아서 이 만화의 의미를 함께 토론해 보자.

부모와 아이가 함께 숙제를 즐겁게 끝마칠 수 있다면 하루 중 가장 스트레스가 쌓이는 시간이 가장 재미있는 시간으로 변할 수 있다. 놀이를 사용하는 것은 아이의 복습을 돕는 좋은 방법이다. 적정 게임을 통해서 자연적으로 기분이 좋아지는 뇌분비 화학 물질을 높일 수 있을 뿐만 아니라 인지 및 작업 기억력을 높일 수 있다.[9] 더불어, 놀이를 사용하면 아이의 집중력이 높아지고 동기 부여가 되며 재미도 있다.[10]

다음에 소개된 게임을 통해서 아이의 복습을 도울 수 있다.

○ 부드러운 공을 준비하고 질문을 하고 아이에게 공을 던진다. 아이는 그 공을 받고 질문의 정답을 맞혀야 한다. 예를 들어, 이 놀이는 곱셈을 연습하기에 아주 좋다. 아이에게 "6 × 8은?"이라고 묻고 공을 던진다. 아이가 공을 받고 "48"이라고 답한다.

○ 캔디 랜드같은 출발점과 도착점이 있는 일반적인 보드 게임의 보드를 준비한다. 복습하고 싶은 내용의 게임 카드를 준비한다. 예를 들어, 아이와 함께 어휘를 공부하고 싶다면 카드에 어휘를 적고 단어가 보이지 않는 쪽을 눕혀서 카드 패를 테이블 중앙에 놓는다. 차례로 주사위를 던져서 말을 움직인다. 하지만 말을 움직이려면 주사위에 나온 숫자만큼의 단어를 말해야 움직일 수 있다. 예를 들어, 아이가 주사위를 굴려서 육이 나왔는데 단어를 두 개 밖에 말하지 못했다면 두 칸을 움직인다. 반복하는 것은 뇌에 좋기 때문에 같은 단어를 여러 번 반

복한다. 먼저 도착하는 사람이 게임에서 이기는 것이지만 가장 중요한 것은 아이가 어휘를 재미있게 복습하는 것이다. 이 게임은, 덧셈, 뺄셈, 곱셈 그리고 나눗셈 복습에 사용할 수 있고 단어의 뜻을 외우는 데에도 사용할 수 있다. 간단하게 카드의 내용을 바꿔주면 된다.

○ 짝 맞추기 게임을 통해서 15쌍의 어휘와 그 뜻을 맞추도록 한다. 각 단어를 카드에 쓰고 다른 카드에는 뜻을 쓴다. 단어 카드와 뜻 카드를 엎어서 테이블에 넓게 펴놓는다. 아이와 번갈아 가면서 두 장의 카드를 뒤집으면서 단어와 뜻을 맞춘다. 카드를 맞추면 그 사람이 카드를 갖고 또 다시 기회를 얻는다. 카드가 맞지 않으면 다시 뒤집어 놓고 다음 사람이 기회를 갖게 된다. 가장 많은 쌍의 카드를 가진 사람이 게임에서 이긴다. 이 게임은 여러 분야에 사용될 수 있다. 수학 문제 또는 동의어나 반의어를 복습하는 데도 사용할 수 있다.

○ 가로와 세로가 4 × 4인 16칸이 비어 있는 빙고 게임 종이를 아이에게 준다. 복습해야할 16개의 단어를 선택한다. 원하는 칸에 단어를 써 넣는다. 다른 카드에 각 단어의 뜻을 쓴다. 카드를 섞고 박스 또는 깡통에 넣는다. 차례로 박스에서 카

드를 뽑고 뜻을 읽는다. 빙고 판에 뜻이 맞는 단어를 말로 채운다. 콩이나 팥 또는 마분지 등으로 말을 만들 수 있다. 이렇게 하면 빙고 종이를 다시 사용할 수 있다. 먼저 가로, 세로 또는 대각선으로 같은 줄의 네 단어를 맞추는 사람이 빙고라고 외치면 이긴다. 하지만 게임에서 이기려면 아이는 빙고가 된 단어의 뜻을 모두 말할 수 있어야 한다. 만약 뜻을 말하지 못

빙고

한다면 게임은 다음 빙고를 외친 사람이 뜻을 모두 말할 수 있을 때까지 계속된다.

○ 아이에게 힝크 핑크를 만드는 방법을 가르쳐 준다. 힝크 핑크는 한 음절의 운율이 맞는 두 단어이다. 예를 들어, 화가 난 아버지는 'mad dad'이다. 비만한 고양이는 'fat cat'. 아이에게 힝크 핑크가 너무 쉽다면 힝키 핑키를 알려 준다. 힝키 핑키는 두 음절의 운율이 맞는 두 단어이다. 예를 들어, 군의 고기 소스는 'navy gravy'이다. 만약 이것도 너무 쉽다면 아이들에게 힝키티 핑키티에 도전해 보도록 한다. 힝키티 핑키티는 삼음절의 운율이 맞는 두 단어이다. 예를 들어, 백악관은 'president's residence'이다. 이름이 무엇인지는 모르겠지만 사음절의 운율이 맞는 두 단어도 만들 수 있다. 만들어 내면서 무척 재미있을 것이다. 여기 하나의 예가 있다. 평범한 행정 도우미는 'ordinary secretary'이다.

아이의 청각적 학습 능력 강화하기

나에게 말하면 잊어버린다!

—중국 속담

■ 무엇을 뜻하는가?

아이에게 이런 말을 해 본 적이 있는가? "…하라고 도대체 몇 번을 얘기해야 하니?" 중국인들은 수천 년 전부터 누군가에게 말로 무엇을 시키는 것이 가장 효과적이지 못한 방법이란 것을 알고 있었다. 그렇지만, 뇌가 대화에 참여하고 있을 때는 기억력이 향상된다. 왜 그럴까? 우리가 말을 하려고 입을 열면 산소가 뇌로 공급된다. 뇌는 산소를 갈구한다. 실제로, 3분에서 6분가량 뇌에 산소가 공급되지 않으면 인간은 문자 그대로 뇌사 상태에 이른다. 나는 수업 중에 학생들이 숨을 쉬고 있지만, 실제 그렇게 보이지 않는 경우들을 보았다. 뇌에 충분한 산소가 공급되지 않으면 입이 열리고 하품을 하게 된다. 활동적인 일을 할 때 하품을 거의 하지 않는다. 사람은 졸리거나, 지겹거나 피곤할 때 하품을 한다. 유명한 스피드 스케이팅 선수인 아폴로 안톤 오노는 2011년 동계 올림픽에서 일부러 하품을 하여 뇌세포에 산소를 더 공급하였다.

산소를 통해서 아이의 집중력과 기억력이 증가될 수 있다. 우리가 말하는 것을 더 많이 기억할 수 있는 가능성이 있다. 실제로 앞에서 언급한 20가지의 뇌계발 방법 중에서 세 가지 방법은 뇌에 산소를 더 많이 공급할 뿐만 아니라 민첩성과 집중력을 증가시키며 아이가 들은 것을 기억할 가능성을 높일 수 있다. 그 방법은 구연동화, 상보적 교육과 토론이다.

구연동화

서로 다른 대륙을 배울 수 있도록 아이에게 다음의 이야기를 들려주자. 이 이야기는 1분도 걸리지 않는다.

옛날에 **북쪽(North)**이라는 사람이 살았다. 그의 성은 아메리카였다. 그는 **남쪽(South)**이라는 아름다운 여인과 사랑에 빠졌다. 둘이 결혼을 했고 남편의 이름을 받아서 그녀는 **남아메리카(South America)**

라고 불리게 되었다. 그들은 **유럽**으로 신혼여행을 갔다. 이들에게는 네 명의 딸을 얻는 축복을 받았고 네 명 모두 자음 ㅇ(알파벳 A)으로 시작하는 이름을 지었다. 딸들의 이름은 **아프리카, 앤트아티카(남극), 아시아** 그리고 **오스트레일리아**이다.

끝[1]

부모가 서너 번 이 이야기를 아이에게 들려주고, 아이가 이 이야기를 서너 번 되풀이 하고 나면 세계의 대륙을 기억할 수 있을 것이다. 왜 쉽게 기억할 수 있었을까? 왜냐하면 일곱 대륙이 모두 이야기 속에 나오고 뇌는 연결되어 있는 아이디어를 쉽게 기억하기 때문이다. 구연동화는 또한 뇌에서 이야기를 따라가기 위해 전두엽에서 청각 양상(청각 자극의 처리와 관련되어 있다는 의미 – 역자 주)을 사용하기 때문에 아이의 듣기 능력을 향상시킨다.[2]

> 이야기 속의 구체적인 이미지에 의해서 감정과 의미가 생겨나고 새로운 정보에 대한 맥락과 신호가 전달된다.[3]

뇌가 연관성에 의해 생각하는 것을 보려면 가족과 함께 다음의 실험을 해 보면 될 것이다. 한 사람에게 여러 가지 질문을 할 것이며 빨리 답해야 한다고 알려준다. 흰 종이를 들고 질문을 한다. "이 종이는 무슨 색인가?" (답은 '흰색') 다음 바로 "젖소가 마시는 음료수는?" (소는 물을 마시지만 '우유'라고 답할 것이다) 왜 그럴까? 답하는 사람의 뇌는 단기 기억에 '흰색', '젖소' 그리고 '마신다'에 연결되어 있기 때문이다.

이야기에는 힘이 있다. 사실 아이들은 끊임없이 자연적으로 이야기에 빠져드는 속성이 있다.[4] 다음에 강연을 들을 때, 강연자가 이야기를 시작하면 어떤 현상이 일어나는지 관찰해 보면 알 것이다. 성인 청중들은 완전히 몰입해서 이야기를 들을 것이다. 이야기에는 기승전결이 있으며 뇌가 이야기를 따라갈 수 있다. 이야기에 감동적인 요소가 있다면 뇌에 더 강력한 영향을 미칠 수 있다. 아이에게 이야기를 들려줄 때나 아이가 이야기를 할 때 정보를 기억하게 된다.

상보적 교육

기억을 도울 수 있는 또 다른 방법은 아이로 하여금 배운 내용을 다시 설명하도록 하는 것이다. 아이의 나이가 6살이 되면,

자신의 내적 언어를 사용하여 남을 가르치는 것을 좋아하게 되며 특히 어른을 가르치는 것을 좋아한다. 또한 어른들에게 단계별 과정을 설명하는 것을 좋아한다.[5] 학교에서 성취도가 평균 또는 낮은 아이도 학습장애를 가졌건 그렇지 않건 간에 반 전체, 소그룹 또는 짝꿍을 가르치는 기회를 갖고 난 후 성취도가 오른 것으로 연구를 통해 밝혀졌다.[6] 또한, 대학생들이 수 세대를 통하여 여전히 수업 외의 시간에 스터디 그룹을 형성하는 이유도 상보적 교육 때문이다. 수업 내용을 함께 토론하고 또래 집단에게 다시 교육했을 때 더 잘 이해하고 기억할 수 있다는 것을 학생들도 깨달았기 때문이다.

사람들은 다른 사람에게 가르친 내용의 95%를 기억한다.[7]

상보적 교육은 내가 주최했던 워크숍에서 한 여교사에게 크게 도움이 되었다. 그녀의 이야기는 이렇다. 그녀의 남편이 대기업의 높은 자리에 면접을 보게 되었다. 심사과정의 일환으로 많은 양의 정보를 기억해야 통과할 수 있는 시험을 봐야했다.

상보적 교육에 대해서 토론했었던 나의 수업을 듣고 난 후, 여교사는 남편이 자신에게 설명해 줄 수 있다면 시험 당일 그 내용을 기억할 가능성이 더 높아진다는 것을 깨닫고 집에 가서 남편에게 시험에 나오는 모든 내용을 자신에게 설명해 달라고 했다. 그리고 남편은 시험을 잘 치렀다! 여교사는 그 시험 역사상 그녀의 남편이 가장 높은 점수를 획득했다고 나에게 이메일로 알려주었다. 이 경험을 통해 이해과 기억을 상보적 교육을 통해 더 향상시킬 수 있다는 것을 그녀는 절실히 깨닫게 되었다.

> 자신이 아는 것을 공유하면 기억력이 향상되는 것을 느낄 수 있다.[8]

토론

뇌는 사람들과 토론했던 내용을 90%에서 95% 기억할 수 있다. 그렇기 때문에 아이에게 문제가 있거나 아이에게 정보를 전달해야 한다면 아이와 함께 돌아가면서 브레인스토밍을 한다든지 아이디어를 내는 것도 좋은 방법이다. 숙제를 도와줄 때, 내용을 기억할 수 있도록 토론에 참여시키자. 교과서에 답이 나와 있는 질문부터 시작해서 **행간을 읽어야** 하거나 구체적인 내용을 알아야 답할 수 있는 좀 더 어려운 문제로 나아간다. 이장의 다음 섹션에는 토론을 이끌 수 있는 질문을 수록해 두었다. 숙제를 도와줄 때, 아이가 토론에 참여할 수 있도록 해 주면 나중에 토론했던 내용을 기억하는 능력이 월등히 향상될 것이다.

아이들의 뇌는 정신적으로 뿐만 아니라 언어적으로 정보를 처리하므로 아이들은 어떤 주제에 대해서 이야기 할 때 이해력이 더 커진다.[9]

■ 어떻게 할 수 있을까?

○ 유치원이나 초등학교 저학년 아이가 단어의 서로 다른 음을 구별할 수 있도록 게임을 만들어 보자. 두 개의 단어를

말하고 어떤 단어의 운율이 맞고 또 맞지 않는 것은 어떤 것인지 물어보자. 예를 들어, dog-log(독[개]-로그[통나무]), cat-fat(캣[고양이]-팻[뚱뚱한]), face-make(페이스[얼굴]-메이크[만들다]), man-can(맨[남자]-캔[캔]), sit-pig(싯[앉다]-피그[돼지]) 등이 있다. 또한, 단어의 첫 소리가 같은지 물어볼 수도 있을 것이다. 예를 들면, big-bat(빅[크다]-뱃[박쥐]), top-map(탑[최고]-맵[지도]), fish-face(피쉬[물고기]-페이스[얼굴]), hat-him(햇[모자]-힘[그 남자]) 등이 있다. 첫 음절을 정확하게 이해하게 되면, 끝 음절 또는 모음에 대해 공부할 수 있다. 집안에 있는 물건의 이름을 사용하여 이 게임을 계속 한다면 아이들은 자신이 듣는 음절의 차이를 구별할 수 있게 될 것이다. 이를 통해 글을 처음으로 배우는 학생들에게 아주 유용한 기량을 길러 줄 수 있다.

○ 지시를 내릴 때, 성인의 뇌는 한 번에 다섯에서 아홉 가지의 사항, 평균적으로 일곱 가지를 기억할 수 있다는 것을 명심하자. 예를 들어, 요일 수, 무지개 색깔, 음계, 전화번호, 대륙, 난쟁이 등 세상에 일곱 가지의 것들이 많다는 것을 기억하면 좋을 것이다. 아이들은 일곱 가지 보다 훨씬 적은 수의 것들

은 기억한다. 3세까지는 "코트 가져와" 같이 한 가지만 기억할 수 있다. 4~5세는 "코트 입고 신발 신어" 같이 두 가지의 지시를 따를 수 있으며, 6~7세는 세 가지 지시를 기억할 수 있다. 8~9세는 네 가지를 기억할 수 있다. 아이의 뇌는 한 번에 너무 많은 지시를 담고 있을 수 없다는 사실을 기억하자.

○ 뇌는 같은 지시를 세 번 이상 들어야만 입력이 된다는 것을 기억하자. 이 사실을 믿지 못하겠다면 자신이 집을 비웠을 때 누군가 자동응답기에 메시지를 남겼을 때를 상기시켜 보자. 메시지의 내용을 안전하게 이해하기 위해서 여러 번 반복해서 들을 것이다. 특히, 전화번호를 남겼다면 말이다. 아이에게 내용을 반복해서 얘기해 주는 것은 너무나도 중요하다. 그렇기 때문에 아이와 함께 공부를 할 때, 한 번 이상 내용을 복습시켜 주자.

○ 학습 내용을 아이가 잘 기억하길 원한다면 그 내용이 들어 있는 이야기를 만들자. 아이에게 그 이야기를 여러 번 들려주고, 같은 이야기를 아이가 여러 번 해 볼 수 있도록 한다. 반복할 수록 더 많은 내용을 기억하는 것을 알 수 있을 것이다. 아이가 학교에서 시험을 쳐야 한다면 함께 만들었던 이야기를

떠올리면서 내용을 기억할 수 있을 것이다!

○ 큰 소리로 아이에게 책을 읽어 줄 때, 주기적으로 쉬면서 아이가 방금 읽었던 내용을 설명해 볼 수 있도록 한다. 이야기를 하면서 뇌에 더 많은 산소가 공급될 뿐만 아니라 아이도 참여할 수 있게 되고 이야기를 기억하는 데도 도움이 된다.

○ 학생들은 자신이 만든 이야기를 더 잘 기억한다.[10] 고학년 자녀들에게 기억하고 싶은 학습 내용과 관련된 이야기를 만들어보게 하자. 이야기를 기억하면서 개념도 익힐 수 있다.

○ 아이와 함께 도서관이나, 서점에 갔을 때, 학교에서 배우는 개념을 설명해 주는 이야기책을 찾아보자. 아이에게 이 책을 소리내어 읽어 주고 또 혼자서 읽을 수 있도록 해준다. 이야기 안에 개념이 들어있기 때문에 그 개념이 더욱 의미있게 느껴질 것이다.

○ 뇌는 자신이 남에게 가르쳤던 내용을 기억하므로 아이의 숙제를 도와줄 때 주기적으로 멈추어서 아이가 지금까지 이해했던 것이나 기억하는 것을 설명하도록 시켜본다. 아이가 개념을 제대로 설명한다면 이해한 것이다. 『뇌는 어떻게 학습하는

가』의 저자인 데이비드 수사는 모든 수업에서 선생님이 학생이 되고 학생이 선생님이 되는 시간이 있어야한다고 했다.[11]

○ 아이와 함께 소리내어 번갈아 가면서 책을 읽자. 주기적으로 멈추고 지금까지의 내용을 아이가 설명해 볼 수 있도록 한다. 다음에 수록된 질문을 해서 아이가 더 잘 설명할 수 있도록 도와 줄 수 있을 것이다.

도움이 될 수 있는 질문

- 이야기 속에서 어떤 일이 일어났니?
- 이 단어의 뜻은 뭘까?
- 주인공은 누구야?
- 이 이야기는 무엇에 관한 이야기니?
- 만약에.... 어떻게 될까?
- 처음에 어떤 일이 있어났고 그 다음에는 어떻게 되고 마지막으로 어떻게 되니?
- 어떻게, 언제, 어디서 또는 왜를 물어 본다.
- 무엇이 사실일까? 무엇이 의견일까?
- …의 관계는 무엇일까?

- 어떤 결론을 내릴 수 있을까?

- 문제를 어떻게 해결할 수 있을까?

- 어떤 다른 일이 일어날 수 있을까?

- 다른 결말은 무엇이 있을까?

앞에 언급된 질문을 이용하여 아이의 학교 공부나 심지어는 개인적인 상황에 대해서 토론할 수 있다. 대부분의 질문에 대한 답은 하나가 아니라는 것을 기억하고 아이가 다양한 아이디어를 이야기 할 수 있는 자리를 만들어 주자. 질문은 아이들이 개념이나 기술을 익히는 동시에 많은 양의 정보를 기억할 수 있는 아주 좋은 방법이다.[12]

아이의 시각적
학습 능력 강화하기

나에게 말하면 잊어버린다!
나에게 보여주는 것은 기억한다!

−중국 속담

■ 무엇을 뜻하는가?

"천 마디 말보다 한번 보는 게 낫다"는 말은 우리가 생각하는 것보다 훨씬 정확한 말이다. 아이는 부모가 말하는 것보다는 보이는 것에 훨씬 더 많은 관심을 보인다. 자신이 시각적 학습자인지는 어떻게 알 수 있을까? 학교에서 가져온 가정통신문을 아이가 읽어주겠다고 했을 때, 선생님이 전달하시고자 하는 내용을 정확히 이해하기 위해서 직접 읽어봐야 한다면 당신은 시각적 학습자일 것이다.

다음의 세 가지 뇌계발 방법은 시각적으로 정보를 뇌가 받아들이는 기능을 충분하게 활용하는 방법이며 모든 아이들에게 적용할 수 있다. 그 방법은 시각 자료, 시각화 그리고 도식 조직표이다.

시각 자료

얼마전 요즘 아이들의 뇌의 시각 영역(대뇌의 후단에 있어 시각에 관계하는 감각 영역 – 역자 주)이 내가 그 아이들의 나이였을 때보다 더 두껍다는 기사를 읽은 적이 있다. 왜 그럴까? 주위를 둘러보면 아이들은 많은 시간 동안 텔레비전을 보고, 비디오 게임을 하며 다양한 작업을 위해서 컴퓨터를 사용한다. 오늘날 우리 아이들이 선호하는 방식이 시각화되어 있다는 것은 의심할 여지가 없다.

눈으로 3천만 가지의 정보를 1초에 받아들일 수 있으므로 학생들에게 이미지나 사진을 보여주어야 한다.[1]

시각적 학습자는 언어와 시각적인 것들을 통해 세상을 배운다.[2] 기억을 쉽게 하기 위해서 우리가 일상적으로 사용하는 시각 자료는 어떤 것이 있을까? 스포츠 팀들은 경기 후 경기 수준을 파악하고 분석하기 위해서 녹화 자료를 시청한다. 최근 비행기를 타봤다면, 승무원이 말로만 안전벨트 착용 법을 알려주는 것이 아니란 것을 알 것이다. 승무원들의 시범을 직접 볼 수 있다! 승무원이 안전벨트, 비상 출구를 직접 안내하거나 좀 더 큰 기내에서는 이런 정보를 전달하기 위해서 비디오를 보여준다. 또한, 연사가 시각 자료를 준비하면 내용을 좀 더 많이 기억할 수 있다.

아이들의 학습에 도움이 된다면 많은 시각 자료를 보여주자. 시각 자료를 통하여 뇌에 그 아이디어를 기억시킬 수 있다!

시각화

시각 자료는 자신이 볼 수 있는 것이다. 반대로 시각화는 마음속으로 보는 것을 뜻한다. 이 방법의 효과는 참으로 뛰어나며 시각화를 하면 실제로 자신이 겪는 것과 같은 과정을 뇌가 경험하게 된다. 이미지와 시각화는 인간에게 더 많은 정신적/육체적 통제력을 주기 때문에 인체의 화학 반응을 변화시킨다.[3]

앞서 언급했듯이 많은 운동선수들이 이 방법을 사용하는 이유가 여기에 있다. 블루 엔젤 전투비행대대의 조종사는 비행 전에 한 방에 모인다. 리드 조종사가 다른 조종사들에게 지시를 하는 동안 모든 조종사들은 방안에 앉아서 비행 순간을 시각화한 다음 실제 비행을 하고 자신들이 시각화했던 것을 현실에서 실행한다. 세인트 주드 아동병원에는 시각화 벽이 있다고 한다. 환자들과 그 부모들은 벽을 보고 건강해진 모습을 시각화한다. 시각화를 통해서 얻을 수 있는 것이 전혀 없었다면 그 벽을 만들지 않았을 것이다.

모든 것은 두 번 일어난다. 한번은 머릿속에서 한번은 현실 속에서.[4]

어떤 사람들은 시각화 또는 머릿속으로 생각하는데 어려움을 겪는다. 아이들은 비디오 게임이나 컴퓨터 등 분명하고 역동적인 시각물을 너무 오랫동안 보면 자신의 상상력을 사용하여 머릿속에서 일어날 일의 이미지를 만들어 낼 필요성을 느끼지 못한다. 모든 것을 생생하게 눈으로 볼 수 있기 때문이다. 그렇지만, 컴퓨터나 비디오 게임을 통해서 보는 이미지보다는 자신이 실제로 생각하는 시각적 이미지가 아이에게 더 큰 영향을 미친다고 한다.[5] 유머 있고 재미있거나 우스꽝스러운 선명한 상상력은 뇌에 오래 남는 이미지를 만들어 낸다.[6]

도식 조직표

마음, 개념 또는 의미 구조도와 단어 거미줄은 모두 도식 조직표로 분류될 수 있다. 도식 조직표에는 주요 아이디어가 나타나며 좌뇌 및 우뇌에 모두 유용하다. 좌뇌가 발달한 아이는 쓰여 있는 단어의 개념의 차이점을 쉽게 알 수 있으며 우뇌가 발달한 아이들은 그림으로 나타난 개념을 보거나 전체적으로 나타나 있는 주요 개념을 쉽게 이해할 수 있다. 도식 조직표는 '학

> 도식 조직표로 아이들의 관심을 끌 수 있으며 이해력, 의미와 기억력을 향상 시킬 수 있다.[7]

습과 사고를 시각화'할 뿐만 아니라,[8] 아이들이 규모가 큰 데이터를 하나로 처리하거나 자신이 이해하고 관리할 수 있는 단위로 쪼개서 정리할 수 있도록 해준다.[9]

다음의 도식 조직표는 양쪽 뇌를 보여주며 각각의 기능을 설명해 준다. 도식 조직표에서 뇌를 두 개의 덩어리로 표시한 것을 볼 수 있을 것이다. 각자 자신이 더 많이 사용하는 뇌가 있으나 모든 사람의 뇌에서 좌뇌와 우뇌가 함께 작동하며 뇌량이라고 알려진 신경 섬유를 통해서 서로 정보를 주고받는다고 연구를 통하여 밝혀졌다.

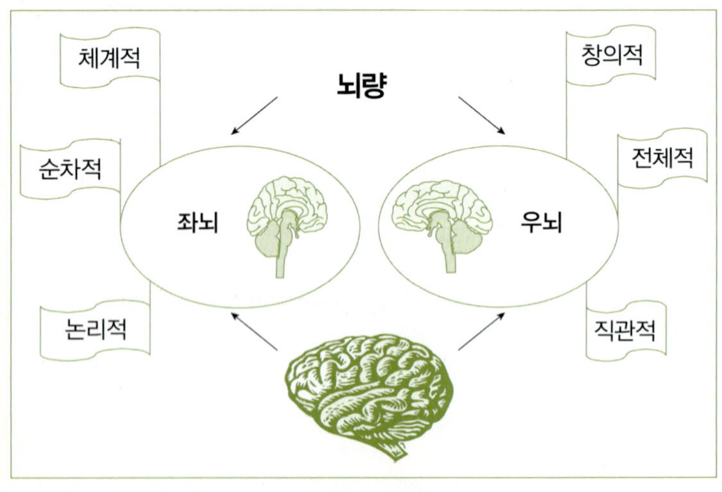

■ 어떻게 할 수 있을까?

○ 아이는 부모의 말보다는 행동을 더 믿기 때문에 부모는 자신이 아이에게 바라는 행동의 모델이 되어야 한다. 부모는 아이에게 시각 자료를 제공하고 있는 것이다. 아이에게서 존경을 원한다면, 자신과 남을 배려하는 모습을 보여야 한다. 아이가 인내심을 배우길 원한다면, 부모가 차분하게 문제를 해결하는 모습을 보여주어야 한다. **말보다 행동이 중요하다는 것을 기억하자!**

○ 미취학 아동들에게 침대, 의자, 테이블 등 집안에 있는 물건들에 이름표를 붙여서 시각 자료를 제공해 주면 물건과 철자를 연관시키는데 도움이 된다.

○ 아이의 숙제를 도와줄 때, **그림 하나가 천 개의 단어보다 큰 가치가 있다.** 아이가 배워야 할 것을 시각적으로 알려주자. 친숙하지 않은 어휘를 공부 중이고 이것이 특히 명사라면 아이에게 그 단어에 해당하는 그림이나 사물을 실제로 보여주면 큰 도움이 된다.

○ 단어의 철자를 공부할 때, 단어 속에 들어 있는 알파벳을

종이에 써 본다. 그리고 또 다시 한 번 더 다른 색깔 펜으로 그 단어를 써 본다.

○ 과학이나 사회 교과서를 아이와 함께 볼 때, 지금 읽고 있는 내용을 아이가 잘 이해하지 못하는 것을 발견할 수도 있을 것이다. 한 과를 공부하기 전에 아이가 미리 그 과의 제목, 부제목, 굵은 글씨, 지도, 차트, 그래프를 비롯하여 교과서 속의 그림들을 살펴보도록 하자. 아이에게 공부하려는 과에 어떤 내용이 담겨 있을지 먼저 예상해 보도록 한다. 그리고 난 후 부분을 나눠 읽어가면서 자신의 생각이 맞았는지 확인한다.

○ 아이가 몇 살이든 간에 소리를 내어 책을 읽어주자. 부모가 읽어줄 때 아이는 이야기 속의 행동들을 머릿속으로 상상하도록 한다. 아이가 이야기를 상상하는 데 모든 감각(시각, 청각, 촉각, 미각 및 후각)을 사용하도록 한다. 읽는 중간 중간 멈추고 아이에게 상상 속에 어떤 것이 보이는지 물어보면서 진짜로 시각화하고 있는지 확인한다.

○ 종이에 단어를 쓰고 잠시 동안 아이가 그 단어를 공부하도록 시간을 준 후, 그 단어를 가리고 단어를 시각화하거나 머릿속에서 생각하도록 한다. 필요에 따라 아이에게 단어를 발음

하거나 철자를 물어 본다. 그 다음 단어를 다시 보여주고 자신이 시각화했던 것이 정확했는지 확인 할 수 있도록 해 준다.

○ 단어의 뜻을 기억하는데 도움을 주려면 단어와 뜻을 연결해주는 재미있는 시각화를 만든다. 시각화가 어처구니 없을수록 더 쉽게 기억할 수 있다. 예를 들어, 우리 딸 제니퍼가 셰익스피어의 로미오와 줄리엣을 공부할 때, 나는 단어 복습을 도와줬고 제니퍼는 scullery(부엌방)라는 단어의 뜻을 외우는데 어려움을 겪었다. 그래서 시각화를 이용했다. 나는 딸에게 해골(skull)이 흰색과 검정색 타일의 부엌 바닥에 놓인 것을 상상하라고 했다. 아직까지도 아이는 scullery(부엌방)가 주방에 딸린 방이란 것을 기억하고 있다.

○ 뇌는 큰 단위나 연결성을 바탕으로 사고하므로 아이와 함께 어휘를 공부할 때 다음의 단어 거미줄을 사용하여 중앙에 있는 박스와 비슷한 의미의 단어를 추가로 브레인스토밍한다. 아이가 단어 거미줄을 공책에 만들고 일년 내내 단어를 추가하도록 할 수도 있다. 예를 들어 중앙에 happy(행복한)란 단어를 쓰면 원에는 glad, joyous, ecstatic, enthused, jubilant, and exhilarated 등의 단어를 넣을 수 있다.

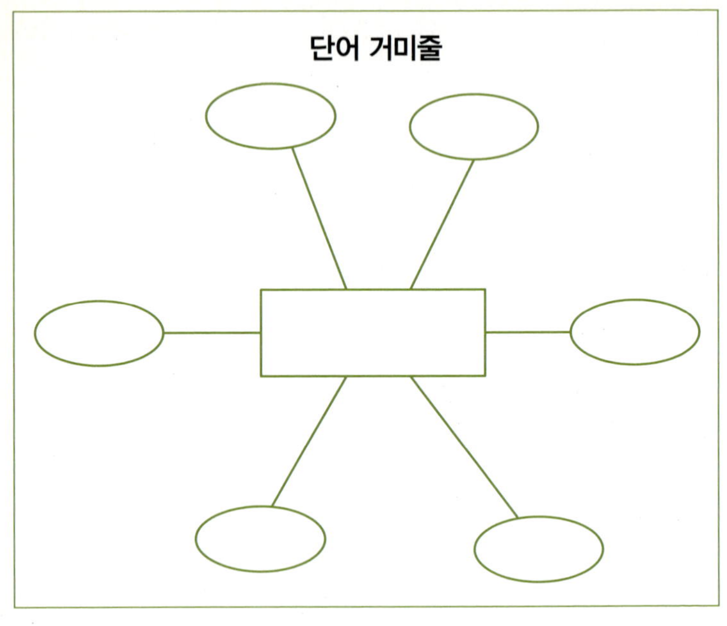

○ 이야기 지도 또는 프레임은 이야기 또는 소설의 중요 요소를 아이가 이해하는데 도움이 되는 시각적 조직도이다. 이야기를 읽으면서 다음의 이야기 지도를 사용하여 중요 부분의 이해를 도와주자.

이야기 지도

제목: _______________________

장소:

특징들: _____________ _____________

_____________ _____________

_____________ _____________

문제:

사건 1 _______________________

사건 2 _______________________

사건 3 _______________________

사건 4 _______________________

해결책:

○ 다음의 시각 조직도를 사용하여 중심 주제에 세부 사항이 덧붙여진다는 것을 아이가 이해하도록 도와주자. 그 다음, 이야기를 읽으면서 중심 주제에 어떤 세부사항이 붙여졌는지 하나씩 찾아보자.

중심 주제/세부사항

세부사항

중심 주제

○ 아이가 다음의 조직도를 사용하여 인과관계를 식별할 수 있도록 한다. 아이가 모든 행동에는 결과가 따른다는 것을 이해할 수 있도록 도와준다.

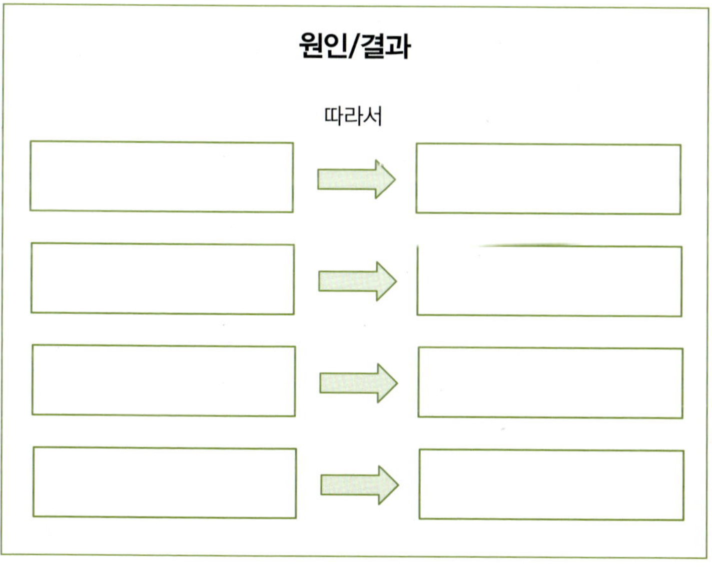

○ 아이가 사건이 발생하는 순서와 어떻게 하나의 사건이 다른 사건으로 이어지는지 식별하여 다음의 조직도를 완성할 수 있도록 한다.

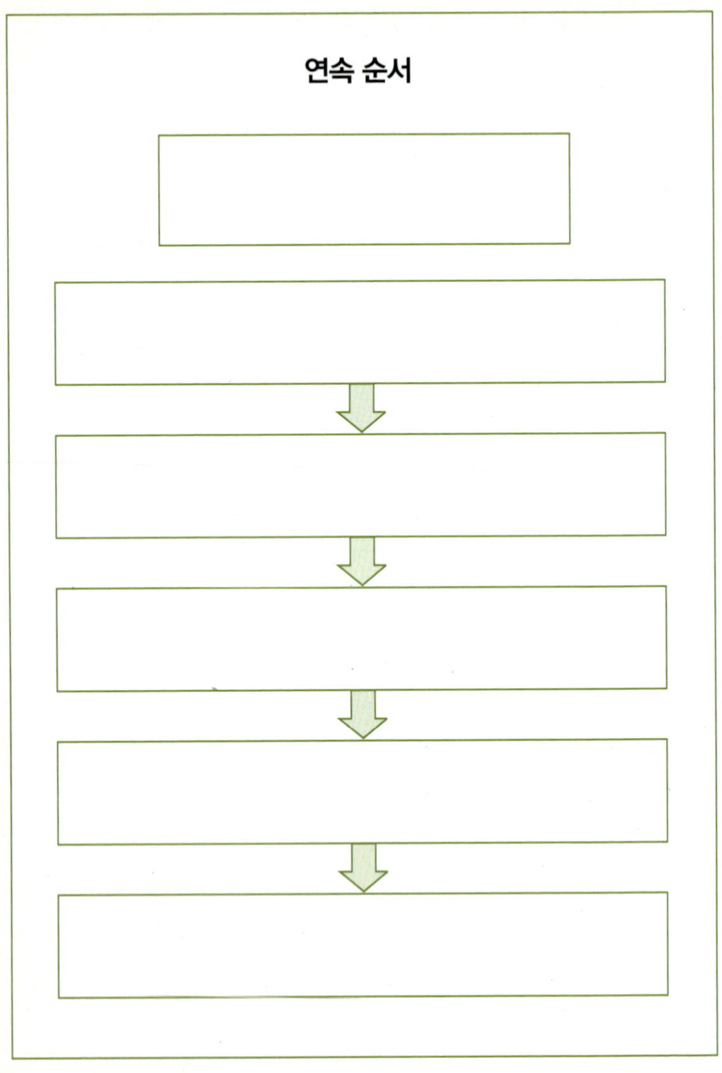
연속 순서

○ 학생들이 다음의 벤 다이어그램을 사용하여 이야기나 주제에서 두 개 이상의 인물(사물)을 비교하고 대조하도록 한다.

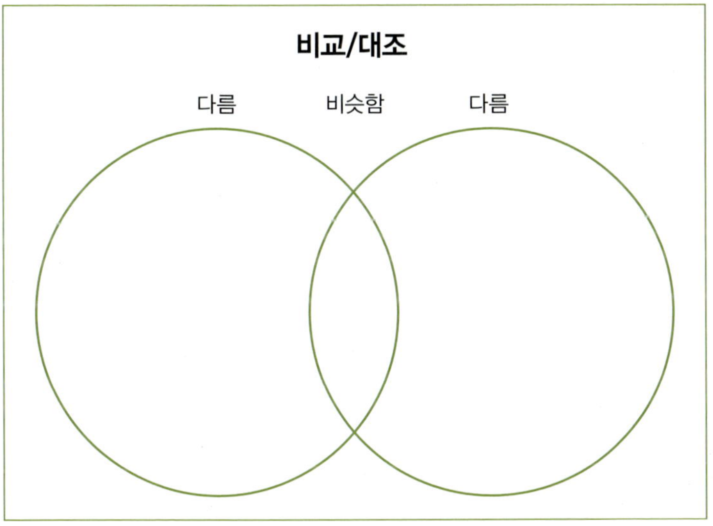

○ 다음 형태의 조직도 또는 마인드맵을 만들어보자. 마인드맵은 윤곽을 잡는 것과 비슷하지만 아이가 한 번에 전체를 볼 수 있다. 주제를 마인드맵의 중앙에 놓고 중심 주제에서 세부사항이 뻗어 나가도록 만든다. 아이가 시험을 준비할 때, 이

마인드맵을 복습하면 개념을 더 잘 암기할 수 있다.

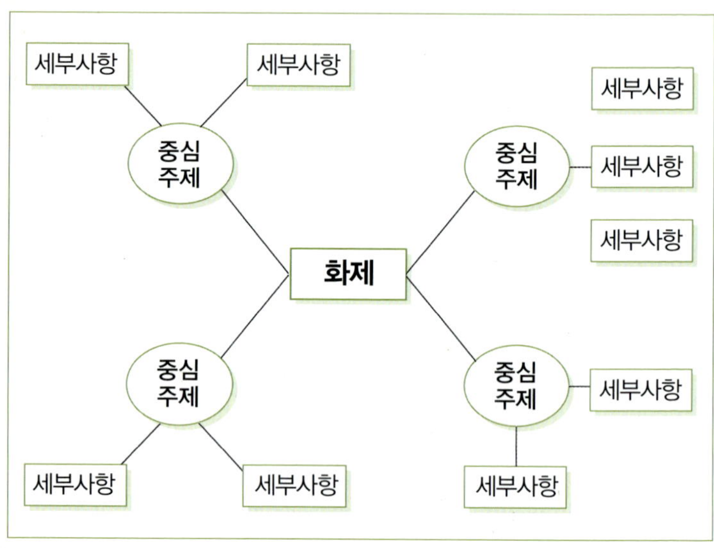

아이의 운동 학습 능력 강화하기

나에게 말하면 잊어버린다!
나에게 보여주는 것은 기억한다!
나를 참여시키면 나는 이해한다!

−중국 속담

■ 무엇을 뜻하는가?

좋은 소식이 있다! 몸을 사용하거나 움직이면서 배운 것은 장기 기억에 저장된다고 한다. 중국인들은 이 사실을 수천 년 전부터 알고 있었다. 위에 소개된 속담이 그것을 증명하고 있다. 뇌의 기억 체계는 절차 기억 또는 근육 기억이라고 한다. 사람들이 자전거 타는 방법, 타자치는 법, 피아노치는 법 또는 자동 변속기어 자동차를 수년 동안 운전하고 다녔어도 수동 기어 차로 운전하는 방법을 배우고 난 후에 잊어버리지 않는 이유는 무엇일까? 수업 시간에 나는 다음과 같은 이야기를 들을 수 있었다. 한 학생의 어머니는 치매가 있으셨고 자식과 손자, 손녀를 알아보지 못하셨다. 하지만 어머니는 피아니스트였고 그녀가 연주했던 모든 음악을 아직도 연주할 수 있었다. 이것이 뇌의 가장 강력한 기억 체계 중 하나인 절차 기억의 힘이다!

또 다른 예를 들어 보면, 혹시 여러분은 2009년 전미 스펠링 경시대회 챔피언 카브야 시바산칼을 본 적이 있는가? 그녀는 심사위원들에게 스펠링을 말하기 전 항상 단어를 쓰는 듯한 동작을 한다. 이 상상의 글쓰기가 그녀의 절차 기억 속에 단어를 심어 주었을 뿐만 아니라 그 단어를 시각화 할 수 있도록 하였다. 영화 〈아키라와 경시대회〉에서 아키라의 스펠링 능력은 줄넘기를 하면서 절차 기억이 생성되어 더 향상되었다. 그렇지 않다면 사람들은 왜 "YMCA" 노래를 부르는 것을 좋아할까? 몸으로 알파벳을 가사와 함께 표현하고 즐길 수 있다. 콘텐츠와 움직임이 만나면 장기 기억이 향상될 뿐만 아니라 학습에 더욱 참여하게 된다!

일곱 가지 행동에 대한 연구가 실시되었고 운동 학습에 다음과 같은 장점이 있다는 연구 결과가 나왔다. (1) 뇌의 운동 레벨을 향상 시킨다. (2) 학습을 긍정적으로 배울 수 있다. (3)

시험 성적을 향상시킨다. (4) 신체와 뇌가 배울 수 있는 상태로 준비시킨다. (5) 아이의 관심, 관계, 참여 정도를 높인다. 그리고 (6) 정보를 더 쉽게 기억하고 기억해 낼 수 있도록 해 준다.[1] 실제로 학습에 가장 적극적으로 참여하는 사람의 뇌세포가 가장 많이 자란다. 또 어떤 연구자들은 움직임 없이는 진짜 학습이 이루어지지 않는다고 생각한다. 왜냐하면 움직임을 통해서 소뇌가 고차원의 사고에 필요한 연관성을 연습할 수 있는 기회를 만들어 줄 수 있기 때문이다.[2]

인체의 움직임을 기반으로 하는 두 가지 뇌계발 방법은 **역할놀이와 운동이다.**

역할놀이

학생들이 자신이 배우고 있는 것을 연극으로 표현하는 것을 역할놀이라고 한다. 역할놀이는 상담 또는 정신과와 같은 여러 전문 분야에서 많이 사용되고 있다. 나의 친구가 대기업 면접을 보러 갔을 때, 성난 고객을 어떻게 대처할 것인지 역할놀이를 통해 보여주어야 했다고 한다. 면접관이 그 회사를 더 이상 이용하지 않으려는 고객의 역할을 했고 내 친구는 그 일을 막아야 했다. 친구는 잘 해냈고 그 결과 면접에 합격했다! 아이에게 수학 문제를 푸는 방법을 차근차근 소리를 내면서 답을 구하도록 하거나 단어의 뜻을 말하면서 외워보자. 아이가 거스름돈을 건네주거나 수치를 재도록 하는 추가적인 역할놀이를 통해 학습을 강화시키도록 하자.[3]

> 역할놀이는 적극성을 높여주며 뇌가 정보를 기억하는 것을 도와주고 뇌는 물론 신체에 정보를 기억시켜준다.[4]

운동

내가 텍사스 주의 와일리에서 가르치던 시절, 절차 기억에 대한 토론을 하고 있을 때 한 미식축구 코치가 이런 기억을 떠올렸다. 그는 수업 시간에 배웠던 내용을 잘 기억하지 못하는 미식축구 선수가 어떻게 경기장에서는 작전을 외우는지 언제나 궁금했다. 그러다가 그는 수업 시간에는 학생들이 선생님이 모든 과정을 풀어내는 것을 지켜보고만 있지만, 미식축구 연습시간에는 자신들이 경기에서 사용할 전술을 적극적으로 참여하여 연습한다는 것을 깨달았다. 실제로, 한 연구에 따르면 일주일에 최소한 세 번 정도 심박동을 높여줄 수 있는 정도의 힘든 에어로빅 운동에 참여한 학생들의 수업 성취도가 향상되었다고 한다.[5]

뇌와 인체는 움직임을 위해 만들어졌다. 우리는 서고, 앉고, 웅크리고, 쪼그리고, 춤추고, 사뿐히 뛰며, 깡충 뛰고, 점프하도록 만들어졌다. 하지만 수업시간에 학생들은 오랜 시간 동안 움직이지 않고 앉아 있어야 하고 선생님들은 왜 일부 학생들이 조용히 앉아 있지 못하는지 이해를 하지 못한다. 운동은 절차 기억에 도움이 될 뿐만 아니라 읽기에 도움이 되며 뇌에 더 많은 포도당과 혈액을 공급한다. 또한 뇌의 기분을 변화시켜주고 즐겁게 배울 수 있도록 해준다.[6] 폴과 게일 데니슨의 『뇌체조』에는 아이가 할 수 있는 다양한 운동을 소개하고 있다.[7] 연구에 의하면 이러한 방법을 사용하면 인체의 정중선을 넘어서 운동하게 되고 신체의 좌우가 협력해서 움직이게 된다고 한다. 아이가 움직이면서 숙제를 하게 하면 기억력도 좋아지는 것을 볼 수 있을 것이다. 남자 아이들은 단순히 듣고 관찰하는 것보다 운동과 경쟁이 있는 활동에서 특히 두각을 보인다.[8] 학생들의 시험 점수와 성적이 오를 뿐만 아니라 숙제하는 시간이 힘든 시간이 아니라 즐거운 시간으로 변할 것이다.

> 뇌를 100% 사용하는 이 세상에 알려진 유일한 인지활동은 신체 운동뿐이다.[9]

■ 어떻게 할 수 있을까?

○ 제인 바이엘의 A, My Name Is Alice를 사용하여 단어의 첫 자음을 가르친다. 책에 수록된 그림은 정말 대단하다. 아이에게 책을 큰 소리로 읽어주고 언어적인 패턴에 주목한다. 예를 들어 두 번째 연은 다음과 같다.

B, My name is Barbara. (B, 내 이름은 바바라)

And my husband's name is Bob. (내 남편의 이름은 밥)

We come from Brazil. (우리는 브라질에서 왔어요.)

And we sell balloons. (우리는 벌룬[풍선]을 팔지요)

Barbara is a BEAR. (바바라는 베어[곰]이고)

Bob is a BABOON. (밥은 바분[개코원숭이] 입니다.)

아이가 패턴을 이해하면 아이 이름의 첫 자음으로 사용하여 자신만의 시를 지어 보도록 한다. 다음은 내 이름으로 만든 시다.

M, My name in Marcia. (M, 내 이름은 마샤)

And my husband's name is Marvin. (그리고 '남편의 이름은 마빈)

We come from Maryland. (우린 메릴랜드에서 왔어요)

And we sell macaroni. (우리는 마카로니를 팔지요)

Marcia is a mackerel. (마샤는 맥커럴[고등어]이고)

Marvin is a Maltese. (마빈은 말티즈입니다.)

이 책은 아이들을 아직 모르는 동물의 세계로 이끌어 주어 어휘를 더 늘려준다. 또한 밖으로 나가 아이들이 책의 운율에 맞춰 줄넘기를 하면서 즐거운 시간을 가질 수 있다.[10]

○ 연습이 필요한 과제에는 움직임을 가미해 보자. 예를 들어 보통 명사와 고유 명사를 구별해야 한다면, 고유 명사일 때

일어서고 (예를 들어 월마트, 윌리엄스 부인 또는 플로리다) 보통 명사일 때 앉도록 한다 (문, 의자 또는 연필).

○ 학생들이 수학 숙제를 할 때 줄넘기를 하거나 손뼉을 치면서 연습할 수도 있다. 2의 배수, 3의 배수, 5의 배수 10의 배수 또는 20의 배수에 점프하거나 손뼉을 치도록 한다.

○ 모든 분야의 단어 복습을 도와줄 때, 일어서거나, 행동을 취하거나 그 단어를 아이들이 표현하도록 한다. 역할놀이에는 동사가 가장 적합하겠지만, 다른 품사도 몸으로 표현할 수 있다. 예를 들어, petrified(겁에 질린)란 단어를 표현하려면 아주 겁먹은 표정을 지으면 된다.

○ 여러 과정을 거쳐야 하는 수학 문제를 풀 때 각 단계를 표현해 보도록 한다.

○ 학교에서 배우는 추상적인 개념을 아이가 행동으로 표현해 봄으로써 더 구체적인 것으로 만들어 주자. 예를 들어, 우리 딸 제니퍼는 컵, 파인트, 쿼트 또는 갤런과 같은 측량법을 이해하는 것을 어려워했다. 나는 제니퍼를 부엌으로 데리고 가서 하나의 용기에서 다른 용기로 물을 측정해서 부어 보도록

시켰다. 그러자 갑자기 제니퍼는 그 개념을 이해했고 며칠 후 시험에서 A를 받아왔다.

○ 몸을 이용하여 스펠링 하는 법(바디 스펠: body-spell)을 학생들에게 가르치자. 스펠링 시험에 좋은 성적을 낼 뿐만 아니라 글을 쓸 때도 스펠링을 잘 틀리지 않을 것이다. 바디 스펠을 할 때, 시각 자료로 종이에 단어를 써 놓거나 그 단어를 시각화 한다. 학생이 스펠링을 몸으로 표현한다. 예를 들어 play를 바디 스펠 해보도록 하자. 소문자 p는 선 아래로 내려오므로 바디 스펠을 하기 위해서 아이는 허리에서부터 발끝까지 손을 뻗어서 내려가야 한다. l은 똑바로 서 있으므로 아이가 두 손을 높이 올려서 똑바로 선다. a를 표현하려면 아이가 양손을 옆으로 뻗어야 한다. 마지막으로 y는 선 아래로 내려가 있기 때문에(p처럼), 발가락에 손이 닿을 것 같은 모양을 만든다. 이제 모든 글자를 합해서 전체를 바디 스펠 해 본다. 몸으로 스펠링 하면서 각 글자를 소리 내어서 말한다. 아이가 이 방법을 터득하면 어떤 단어든지 몸으로 스펠링 할 수 있다. 스펠링 하는 속도를 조금씩 올려본다. 이렇게 하면 아이의 가장 강력한 기억 체계에 스펠링이 저장되고 스펠링 성적도 향상될 것이다.[11]

○ 아이와 함께 어휘를 공부할 때, 제스처 놀이를 할 수 있다. 각 단어를 개별 카드에 쓴다. 아이들이 각각 임의의 카드를 뽑게 하고 그 카드에 쓰여 있는 단어를 몸으로 표현하도록 한다. 말은 할 수 없으며 오직 몸동작을 통해서만 단어를 알려 줄 수 있다. 답을 말하고 나면 차례를 바꿔 가면서 단어를 몸으로 표현한다. 모든 단어를 여러 번 복습할 때까지 반복한다. 반복 학습은 뇌에 좋다!

○ 부모가 읽어주었거나 아이가 직접 읽은 이야기의 일부를 아이가 연극으로 표현하도록 한다. 만약 줄거리에 한 명 이상의 배역이 있다면 가족들도 역할 놀이에 참여한다.

○ 학생들이 집중할 수 있는 시간은 자신의 나이를 분으로 바꾼 것과 같기 때문에 자극제를 계속 변화시켜 주어야 한다.[12] 그렇기 때문에, 시간이 오래 걸리는 숙제를 아이가 하고 있다면 잠깐 스트레칭을 할 수 있는 휴식 시간을 준다. 스트레칭을 하는 동안 느린 음악 또는 빠른 음악을 틀어서 공부 중간 중간의 운동 시간을 이끌어 준다.

아이의 촉각적
학습 능력 강화하기

나에게 말하면 잊어버린다!
나에게 보여주는 것은 기억한다!
나를 참여시키면 나는 이해한다!

-중국 속담

■ 무엇을 뜻하는가?

신체를 사용할 수 있는 또 다른 방법은 하워드 가드너가 말한 시각공간적 지능을 사용하는 방법이 있다. 나와 비슷한 나이라면 아마도 각 면의 큐브를 조작하여 같은 색의 큐브를 맞추었던 루빅스 큐브를 기억할 것이다. 나는 절대 맞출 수 없었지만, 해내는 사람도 많았다.

실제로 예술가, 건축가, 외과 의사 그리고 과학자들 중에 시각공간적 지능을 갖고 있는 사람이 많다고 한다. 많은 아이들이 체험을 통해 배우며 글쓰기, 그림 그리기, 조작의 세 가지 뇌계발 방법을 사용할 수 있는 기회를 얻는다면 더 많은 것을 배울 수 있다.

손의 사용과 뇌의 활동의 관계는 너무나 복잡한 것이어서 하나의 이론으로 설명할 수 없다.[1]

글쓰기

가게에서 사야할 목록을 적어 놓고 집에 그 목록을 놓고 나온 적이 있을 것이다. 단순히 한 번 적었다는 이유로 그 목록에 적었던 대부분의 것들을 쇼핑하면서 기억할 수 있었을 때 정말 놀랍다는 생각이 들었을 것이다. 여기에는 생물학적 이유가 있다. 아세틸콜린이라는 장기 기억을 형성하는데 도움이 되는 신경전달물질이 신경세포가 말과 글을 통해서 연결될 때 분비된다.[2] 최근 친척을 위해 나는 딸과 함께 토요일에 베이비 샤워를 열었다. 베이비 샤워 전날인 금요일에 나는 아직도 준비가

안된 것들의 목록을 만들었다. 그 리스트를 다시 보지 않고 모든 것을 다 완수할 수 있었다.

글쓰기는 뇌가 기억할 수 있도록 해 줄 뿐만 아니라 아이가 언어를 더 유창하게 할 수 있도록 도와준다. 생각해 보면, 글쓰기보다 읽기를 더 잘하는 사람들이 있다. 하지만 글 잘 쓰는 사람 중에 독서를 많이 하지 않는 사람을 본 적은 없을 것이다. 글쓰기를 잘하려면 아이는 글을 쓸 수 있는 일관되고 지속적인 기회가 필요하다.[3]

글을 쓸 수 있는 다른 방법은 일기이다. 아이가 자기 인생의 중요한 사건이나 일어난 일을 글로 남길 수 있는 기회가 있다면 그 사건과 관련된 자신의 감정을 더 잘 처리하고 이해할 수 있다. 일기를 쓰면 새로운 정보로부터 의미를 찾을 수 있다는 것이 연구를 통해 증명되었으며[4] 실제로 경험했던 것을 가장 잘 기억할 수 있는 방법은 바로 그 사건을 기록하는 것이다.[5]

그림 그리기

나는 수업 시간에 학생들, 그중에서도 남학생들이, 선생님이 앞에서 수업을 하는 동안 슈퍼 히어로, 자동차, 테니스 신발 등을 그리는 딴 짓을 하는 모습을 많이 보았다. 70여 년 전에 교육학자였던 존 듀이는 예술을 할 때의 사고와 교과과정에서의 사고 사이에 상관관계가 있다고 언급했다.[6] 오늘날 뇌 연구는 그의 이론이 맞다는 것을 확인해 주고 있다. 사람은 예술적 활동을 할 때, 시상 및 편도체 같은 뇌의 여러 부분이 활성화된다.[7] 우리가 그림 그리는 것은 기억할 가능성이 훨씬 크다. 많은 성인들이 회의 시간이나 이야기를 하면서 낙서를 한다. 아이들도 마찬가지다. 이런 아이의 능력을 장점으로 사용할 수 있다.

> 아이가 시각화를 하는데 어려움을 느낀다면 그림을 그려 볼 수도 있다.[8]

조작

우리 딸 제니퍼가 10학년(고등학교 1학년)때 화학 수업을 들었다. 내가 보았을 때 제니퍼는 모든 실험 수업에서는 100점을 받았다. 하지만, 선생님과 면담을 하던 날, 필기시험 성적은 좋지 못하다는 사실을 알았다. 제니퍼의 실험 성적은 전체 성적의 10%의 비중 밖에 차지하지 않았다. 자, 여기서 질문 하나를 던져 보자. 실제 화학자들은 무엇을 할까? 실험은 잘하지만 시험을 잘 못 쳤기 때문에 화학자가 될 수 없다고 생각하는 아이들이 얼마나 있을까? 뇌는 항상 손을 필요로 하는 것 같다. 조작을 통해 고등학교 학생들은 과학은 물론 수학 능력을 향상시킬 수 있다.[9]

내가 선생님들의 교육 실습에 대한 관점을 변화시키기 위해 노력하는 동안 부모들은 집에서 아이들과 함께 다음의 촉각적 학습을 활용할 수 있다. 아이에게 가르치려는 개념을 아이가 잘 이해하지 못 한다면 물건을 세거나, 모형을 만들거나 실험을 하도록 해본다. 이 과정을 통해서 이해를 도울 수 있다!

> 아이들은 특정 모양을 가지고 공부할 때 공간적인 감각 기반을 다지게 된다.[10]

■ 어떻게 할 수 있을까?

○ 뇌는 글로 쓰는 것을 기억하는 경향이 있다. 미취학 아동은 그림을 그려 볼 수 있으며 학생들은 간단하게 적어 볼 수 있다. 아이가 배워야 하는 개념이나 단어를 써 볼 수 있도록 시간을 주자.

○ 다른 여러 가지 기술과 마찬가지로 많이 연습할수록 더 잘할 수 있다. 아이가 글을 써야 할 이유를 만들어 주자. 가게에 가기 전에 목록을 아이가 쓰게 할 수 있다. 부모 또는 자신을 위해서 아이가 해야 할 일 목록을 작성할 수도 있다. 타 지역에 계시는 할아버지 할머니 또는 고모나 삼촌에게 편지를 쓸 수도 있다.

○ 대부분의 아이들은 글을 쓸 때, 좋아하는 단어를 반복해서 쓰게 되고 글은 장황하고 평이해져버린다. 이런 단어들은 너무 많이 사용되어서 지루해지기 때문에 '지루한 단어(tired words)'라고 부른다. 아이들의 글에서 지루한 단어의 예로는 말하다, 좋다, 예쁘다 등이 있다. 이런 단어들을 대체해서 글을 더 재미있게 할 수 있는 단어를 알려주자. 예를 들어 '말하다'라는 단어를 보자. 아이와 함께 '말하다'와 비슷한 의미의 단어를

생각해 본다. 대답했다, 언급했다, 소리쳤다, 자랑하며 말했다, 선언했다 등의 단어들이 있을 것이다. 동의어가 생각이 나지 않는다면 동의어 사전을 구입할 수도 있을 것이다. 이 단어들을 노트에 잘 적어 두고 나중에 참고한다. 아이가 글을 쓸 때, 새로운 단어들을 사용하도록 한다.

○ 아이가 개인 일기를 쓰고 학교, 집, 친구, 과제 등등 자신에게 중요했던 일을 매일 기록할 수 있도록 격려하자. 나는 어렸을 때 일기를 쓰면서 글쓰기를 배웠다. 일기는 개인적인 것이다. 그렇기 때문에 주인의 동의 없이 읽어서는 안 된다.

○ 아이가 외워야 하는 단어들을 그림으로 표현하도록 한다. 각 장에는 그림으로 표현된 단어, 색깔을 사용하여 쓴 단어, 그 단어가 들어가는 문장을 쓰도록 한다.[11]

○ 단어의 뜻을 추가할 때마다 그 뜻을 표현하는 그림을 하나씩 더 추가한다. 예를 들어, 다음의 네 가지 그림을 보고 한 단어의 서로 다른 네 가지 의미를 알 수 있다. 올이 나간(run) 스타킹을 신은 여자 그림, 달리기 시합(running)을 하는 남자 그림, 침을 흘리는(run) 아이의 그림 그리고 선거에 출마한(run) 여성의 그림.[12]

○ 자석으로 된 알파벳 세트를 사서 엄마가 저녁을 준비하는 동안 아이는 냉장고에 자석을 붙이면서 단어를 만들어 보게 한다. 단어를 만들 때 촉각적인 운동을 하면서 기억을 하게 된다. 빵 만들 때 사용하는 철판에도 이 자석을 사용할 수 있다.

○ 아이에게 책을 소리 내어 읽어 줄 때, 시각화 또는 이야기를 머릿속으로 상상하도록 한다. 그 다음 주기적으로 시각화하던 모습을 그려 보도록 한다. 그림을 통해서 아이가 이야기를 이해했는지 알 수 있다.

○ 여러 단계를 거쳐야 하는 수학 문제를 그림으로 그려보도록 한다. 싱가포르의 수학 선생님들은 그림 그리는 방법을 권장하고 있으며 학생들의 수학 성적은 세계에서 상위권에 든다.

○ 집에서 찾을 수 있는 음식(콩, 말린 완두콩 또는 마카로니)으로 덧셈, 뺄셈, 곱셈 또는 나눗셈을 가르친다. 예를 들어, 12개의 콩을 갖고 네 개씩 그룹을 만들도록 한다. 네 개씩 세 개의 그룹은 12가 된다는 결론을 아이가 내릴 수 있도록 도와준다.

○ 아이가 철자를 연습하거나 단어를 외울 때 다음과 같은

촉각적 방법을 사용하도록 한다. 손가락으로 허공에 단어를 쓴다, 면도 크림을 판에 바르고 단어를 써보거나 찰흙으로 단어를 만들어 본다.

○ 아이가 곱셈을 공부한다면, 손가락으로 구구단의 9단을 외울 수 있는 방법을 가르쳐주자. 손을 들어서 (바닥이 밑으로 향하게 한다) 손가락을 펼친다. 왼손의 새끼손가락부터 하나씩 번호를 매긴다. 구에 곱할 숫자의 손가락을 구부린다. 예를 들어, 아이가 구에 사를 곱한다면 왼손의 네 번째 손가락을 구부린다. 구부린 손가락의 왼쪽에 있는 수의 손가락이 첫 번째 자리의 수가 되며 오른 쪽의 손가락이 두 번째 자리의 수가 된다. 그래서 9 × 4 = 36이다.[13]

음악과 함께 추억 만들기

정보가 음악과 연관 지어지면
장기 기억 속에 입력될 가능성이 커진다.

– 젠슨(E. Jensen, 2008)

■ 무엇을 뜻하는가?

음악은 성인과 아이의 뇌 모두에 기적적인 역할을 할 수 있는 많은 요소들을 갖고 있다. 음악은 세 가지 중요 기능이 있다. 첫째, 뇌의 상태를 변화시킬 수 있다. 이 기능은 앞서 아이의 뇌에 어떤 현상을 일으키는지 3장에서 논의하였다. 그렇지만 이 장에서는 모든 연령의 뇌에서 사용할 수 있는 방법을 알아보도록 하겠다. 둘째, 음악은 수학이나 언어와 관련 지을 수 있는 특징이 있다. 마지막으로 음악은 기억에 분명히 도움이 된다. 그럼 각각의 기능을 더 자세히 이야기해 보도록 하자.

음악과 상태 변화

앞서 3장에서 클래식, 재즈, 뉴에이지 그리고 켈틱 음악이 뇌를 차분하게 한다고 했다. 다음의 이야기는 음악이 모든 연령의 뇌에 어떤 영향을 미치는지 보여주는 좋은 예이다.

음악은 휴식을 취하거나 활력을 불어넣을 수 있으며, 일상의 기분을 좌우하고, 아이의 뇌를 자극하여 영감을 주고 즐겁게 배울 수 있도록 하는데 뛰어난 역할을 한다.[1]

테네시 주의 리빙스턴의 교사인 드니즈는 몇 년 전 허리케인 카트리나로 피해를 본 뉴올리언스에 재해 복구를 돕기 위해 청소년들을 인솔하여 선교 여행을 다녀왔다. 테네시 주에서 네 대의 봉고차가 출발하였고 그 중 한 대를 드니즈가 몰았다. 그녀는 차에 탑승한 아이들에게 오랜 시간동안 클래식 음악을 들으면서 가야 할 것이라고 미리 알려 주었다. 아이들은 클래식 음악을 듣고 싶지 않았지만 드니즈선생님을 좋아하였기에 함께 차를 타고 가고 싶어 했다. 휴게소에서 쉴 때마다 다른 차의 운전자들은 아이들의 말다툼, 불만 그리고 끝임 없는 수다에 괴롭다고 했다. 드니즈는 자기 차의 아이들은 모두 잠을 잔다고 말했다. 아이들의 움직임과 기분에 음악이 영향을 미쳤고 스트레스를 받았던 뇌를 쉴 수 있도록 해 준 것이다.[2] 차분한 음악은 심지어 혈기왕성한 아이들의 뇌도 진정시킨다.

두 번째 이야기는 매사추세츠 주의 플리미스의 한 선생님이 들려준 이야기다. 로웨나의 어머니는 울혈성 심부전증으로 병원에 입원하여 병세가 익화되고 있있고 생명 유지 장치를 사용하지 않겠다는 유서를 작성하였다. 가족들이 병원으로 모였고 의사가 생명 유지 장치의 연결을 끊기 전에 로웨나는 어머니께 이어폰을 꽂아 드리고 어머니가 좋아하시던 명상 음악을 틀어 드리자고 제안했다. 음악을 들은 지 30분이 지나자, 어머니의 심장은 안정되었고 수년이 지난 지금까지 어머니는 살아계신다. 나는 가끔씩 남편에게 나에게도 비슷한 일이 일어나면 내가 좋아하는 음악을 반드시 틀어야 한다고 농담으로 얘기하곤 한다. 결혼한지 30여년이 지났어도 나를 쉽게 보내지는 못할 것이다!

두 가지 이야기 모두 하나의 사실을 알려준다. 당신이 8살, 18살, 또는 80살이라도 **음악은 황량한 마음도 진정시킨다.**

수학과 음악의 연결성

우리 딸 제시카는 10년 동안 피아노를 배웠다. 제시카는 눈으로 음악을 읽을 수 있고, 고등학교에서는 밴드부에서 트럼본을 연주했으며 합창단원으로 활동하기도 했다. 벤더빌트 대학에 입학했을 때, 제시카는 합창부에 가입을 했고 합창단에 오디션을 보고 단원이 되었다. 합창단원이 되기 위해서 아름다운 목소리가 필요했을 뿐만 아니라 처음 보는 악보를 읽을 줄도 알아야 했다. 우연인지 몰라도 제시카는 SAT의 수학 영역에서 높은 성적을 거두었고 독일어도 유창하게 한다. 벤더빌트에서는 독일어를 전공하기도 했다.

제시카가 악보를 읽을 수 있고 악기를 다룰 줄 아는 것과 높은 수학성적 그리고 제 2언어 능력의 상관성은 우연이 아닐 수도 있다. 이 세 가지 모두 뇌의 공간영역에서 제어되는 것으로 보인다. 악기를 다룰 수 있는 능력은 3살부터 시작되는 것으로 보이지만, 실제로 아기들도 자궁 내에서 음악에 반응한다.[3] 나의 수업의 일본인 부모들이 자식들에게 음악을 가르치는 이유 중에 하나도 바로 이것 때문이다. 실제로, 세계에서 가장 높은 과학과 수학 점수를 내는 나라에는 좋은 음악과 미술 프로그램이 갖추어져 있다.[4] 심지어 사회경제적 수준이 낮은 학생들

중 음악 수업을 들은 학생의 수학 점수가 듣지 않은 학생의 점
수보다 두 배나 좋았다.[5]

> 모든 분야 중에서, 수학은 음악과 가장 연관성이 큰 것으로 보인
> 다. 음악은 음표와 화음을 사용하고 박자와 쉼표를 세야하고,
> 기타에 손을 잡는 비율, 비례, 분수, 기하학을 생각해야 한다.[6]

음악과 기억력

음악은 기억에도 도움이 된다. 군대에서도 음악과 기억력의 힘
을 잘 알고 있다. 더글러스 헤그달이라는 군인과 관련된 실화
이다. 더글러스는 베트남전에서 포로로 잡혔고 하노이 힐튼이
라고 알려진 포로수용소에 수감된다. 더글러스는 석방이 확정
된 상태였고 하노이 힐튼에 함께 수감되어 있던 포로들은 자신
의 가족들에게 전해 달라며 자기 이름을 기억해 달라는 부탁
을 받는다. 그는 '맥도널드 할아버지' 동요에 맞추어 이름을 외
웠다. 더글러스는 200명이 넘는 전쟁포로들의 이름을 노래했
다. 음악이 뇌에서 기억력에 미치는 영향 덕분에 이 일을 해 낼

수 있었다.

선생님들과 부모들은 아이들이 라디오에서 나오는 음악의
가사는 다 외우면서 교과 내용을 기억하지 못한다고 얘기한
다. 아이의 뇌에는 이상이 없으며 음악이 기억을 도와주는 것
이다. 음악의 운율, 대조 그리고 패턴이 새로운 정보를 뇌에 입
력해 주기 때문에 아이들은 새로운 노래 가사를 쉽게 배운다.[8]
여기에서 제시하는 활동들을 잘 활용해 보도록 하자.

■ 어떻게 할 수 있을까?

○ 아이들이 가만있지 못하거나 짜증을 내거나 또 당신이
편안하고 조용한 시간을 갖고 싶다면 차분한 음악을 틀어 놓
자. 재즈, 클래식, 켈틱, 뉴에이지 그리고 자연의 소리 등의 음

악은 진정효과가 있는 음악이다. 긴 여행길에 차에서 이런 음악을 틀거나 아이의 낮잠 시간에 이 음악을 틀어보자.

○ 고에너지 음악은 동기를 부여한다! 아이에게 해야 할 일, 특히 해야 하지만 하기 싫어하는 일을 주고 현재 듣고 있는 빠른 음악이 끝나기 전까지 마쳐야 한다고 얘기해 보자. 여행을 하면서, 이와 같은 방법을 사용하는 화장실을 종종 본다. 화장실의 표지판에 "생일 축하" 노래를 끝마칠 때가지 손을 씻고 있다면 오래 씻고 있는 것이라고 쓰여 있다.

○ 일부 이이들, 특히 청소년들이 항상 화가 나고, 짜증이 나며 기분이 좋지 않은 이유를 궁금해 한 적이 있는가? 그 이유의 일부는 아마도 아이들이 계속 듣고 있는 음악에 있을 것이다. 욕설, 폭력 또는 다른 종류의 부정성을 담고 있는 가사는 사람의 성향에 나쁜 영향을 줄 수 있다. 아이들의 기본 교육이 충분히 잘 되어있다면 이런 음악을 듣는 것 자체로 인해 큰 영향을 받지는 않을 것이다. 그렇지만 다른 문제가 뇌에 이미 존재하고 있다면, 특정 음악의 적대적인 가사는 이런 문제를 악화시킬 수 있다.

○ 악기 연주와 고차원의 수학 사이에는 어떤 관련이 있는

것으로 보이므로 아이가 악기를 배울 수 있는 기회를 만들어 주자. 악기를 아주 좋아하고 잘하는 아이들도 있겠지만 그렇지 않은 아이도 있을 것이다. 나의 세 아이들 중에서 한 아이만이 10년 동안 피아노를 배웠다. 다른 아이들은 자신이 좋아하는 것으로 흥미를 옮겨갔다. 모든 아이들의 재능은 다르다는 것을 기억하자. 하지만 다양한 경험을 해보지 못한다면 어떤 재능을 갖고 있는지 알지 못할 것이다!

○ 아이가 기억해야할 개념이 있다면 노래나 랩을 만들어 보자. 아이와 함께 그 노래를 여러 번 불러 본다. 노래가 기억에 도움이 될 것이다.

○ 아이가 충분히 컸다면, 자신의 노래 또는 랩을 만들어 단어나 중요한 개념을 기억할 수 있도록 해보자. 뇌는 노래와 같이 새로운 형태의 정보를 생성할 때 가장 고차원의 기능인 합성을 사용한다. 노래를 부를 때 정보를 기억하게 된다.

○ 뇌는 운율을 좋아하기 때문에, 배우고 있는 내용을 박수, 손뼉 또는 발 구르기 등으로 표현해 보도록 한다. 예를 들어, 단어의 음절이나 스펠링을 손뼉으로 표현할 수 있다. *dog*이라는 단어는 박수 한 번, *refrigerator*라는 단어는 박수 다섯 번

으로 표현할 수 있을 것이다.

○ 뇌는 리듬을 기억하기 때문에 마더 구스라는 전래동요가 세대에 걸쳐 아직까지도 그 대중성을 이어가고 있는 것이다. 고학년 학생들은 자신의 시를 만들어서 학습 내용을 기억할 수 있다. 아이들이 기억해야 하는 것들로 시를 만들어 보고 그 것에 리듬을 첨가해 보자.

아이의 인생에
주제 연결하기

새로운 정보에 관련된 내용이 첨가되면
새로운 정보를 기억할 확률이 커진다.

– 스프렝어(Sprenger, 2005)

■ 무엇을 뜻하는가?

학교가 먼저일까 뇌가 먼저일까? 당연히 인간의 뇌는 학교가
공식적으로 생기기 전부터 있었다. 뇌의 궁극적인 목표는 생
존이며 성적으로 모두 A로 받는다거나 SAT에서 고득점을 하
는 것이 아니기 때문에 학생들은 학교에서 배우는 내용이 자
신의 실생활에 직접적인 관련이 없어 보이면 선생님에게 "왜
이런 것을 배워야 하냐"고 묻는다. 이런 이유 때문에, 집에서
아이와 함께 공부할 때, 아이가 배웠으면 하는 내용을 개인적
인 삶에 연결시키면 학습은 **더욱 빠르고** 개념을 더 잘 이해하

는 경향이 있다.

자신과 관련이 있는 내용을 더 잘 습득하는 데는 생물학적 이유가 있다. 뇌의 신경 세포는 잘 움직이지 않기 때문에 세포들 사이에 연결이 되려면 축색 돌기를 다른 세포의 수상 돌기에 연결해야 한다. 이렇게 연결이 되지 않으면 관련성을 정립하기 어렵고 이러한 연결을 통해서 우리의 사고, 의식 그리고 개성이 형성된다.[1]

만약 내용이 전혀 상관없다면 뇌에서 이해를 촉진할 때 이뤄지듯이 하나의 뉴런이 다른 뉴런에 연결되지 않을 것이다.[2]

세상과 개념을 연결하는 새로운 두 가지 방법이 있다. 육학년 학생들에게 우성 및 열성 유전자에 관하여 가르치면서 다음의 이야기를 들려주었다. 나의 아버지는 겸상적혈구빈혈 형질을 갖고 태어나셨다. 이것은 나의 언니인 앤에게 유전되었다. 언니의 딸인 에리카가 이 형질을 물려받았다. 나는 이 형질을 갖고 있지 않다. 딸 제니퍼도 이 형질을 갖고 있지 않지만 제니퍼의 딸인 에이든은 이 형질을 물려받았다. 그렇기 때문에 내 조카와 손녀는 결혼할 배우자를 조심해서 골라야 한다. 만약 똑같은 형질을 갖고 있는 사람과 결혼하게 된다면 아이는 겸상 적혈구빈혈을 갖고 태어날 가능성이 크다. 이 이야기를 통해서 학생들은 우성과 열성 유전자의 영향에 관한 다음 수업 내용과 연관성을 찾을 수 있었다.

지구의 지층이 완성된 방법을 가르치기 위해서 나는 옷을 빨래 바구니에 넣는 순서와 비교하였다. 학생들에게 한 가지 질문을 했다. "긴 시간에 걸쳐서 빨래 바구니에 옷을 넣으면 가장 최근에 넣은 옷은 어디에 있을까?" 학생들은 "가장 위" 에 있다고 답했다. 그 다음 지구의 지층이 형성된 과정도 똑같다는 것을 상기시켰다. 이 예를 통해서 더 쉽게 개념을 이해할 수 있었다.

20가지 뇌계발 방법 중 두 가지 방법이 정보를 연결해야 하는 뇌의 필요성을 잘 활용하고 있다. 은유, 비유와 직유 그리고 기억 장치 전략이 바로 그 방법이다. 다음에 설명되어 있다.

은유, 비유와 직유

학교에서 배우는 내용을 이해할 수 있도록 아이를 도울 때 사용할 수 있는 가장 좋은 교육 방법은 은유, 비유와 직유이다. 하나의 개념을 다른 개념과 연결하면 쉽게 인지하고 이해하며 기억할 수 있다. 은유는 ~처럼이라는 단어를 사용하지 않고 두 물체를 비교하는 것이다. 다음은 은유의 한 예이다. "뇌는 연결고리가 많기 때문에 사슬이다." 은유를 통해서 아이가 연관성을 찾으면 사고가 확장되고 이해력이 증가한다.[3] 비유는 두 물체의 비슷한 점을 설명해 준다. 예를 들면, "미식축구의 심판(Referee)은 야구의 심판(umpire)과 같다." 비유를 통해서 학생의 틀린 점이나 잘못 이해하고 있었던 점을 알 수 있기 때문에 매우 소중하다.[4] 실제로, 비유를 들어 설명하면 아주 어려운 아이디어의 개념을 잡을 수 있다.[5] 직유는 ~처럼을 사

> 은유는 친숙한 것을 사용하여 친숙하지 않은 것을 설명하고
> 실재적인 것을 사용하여 개념적인 것을 설명하는 것이다.[6]

용하여 두세 가지 물체를 비교한다. 예를 들면, "그는 쥐처럼 조용했다."

　일상적으로도 연관성을 설명하기 위해서 이 방법이 많이 사용된다. 예를 들어, 다음의 문장을 완성해 보라. "모래시계의 모래 같이 ________" 답은 "우리 인생의 날들도 흐른다"(미국 아침 드라마 Days of Our Lives의 표어 – 역자 주). 또한 이런 광고도 있다. "좋은 이웃처럼 여기 스테이트 팜(미국 유명 보험 회사 이름 – 역자 주)이 있습니다." 나는 중심 주제를 기르칠 때 비유를 사용하기도 한다. 나는 학생들에게 중심 주제는 문자 메시지와 같다고 설명한다. 문자를 보낼 때, 가장 중요한 정보를 보내야하고 너무 많은 정보를 보내는 것이 힘들다. 문자를 너무 많이 보내면 비용이 많이 든다. 문제 메시지처럼 중심 주제는 이야기의 가장 중요한 개념이나 사건을 말해준다. 로스앤젤레스에서 수업을 할 때 재미있는 일이 있었다. 6학년 학생들에게 방금 언급한 문자 메시지와 중심 주제를 비교하는 이야기를 하면서 너무 많은 정보를 보내면 비싼 요금을 내야 한다고 했다. 그러자 한 학생이 "비싸지 않아요! 저희는 가족 요금제를 사용하거든요!" 라고 했다. 이제 이런 비교는 쓸모가 없어졌다!

기억 장치

뇌에서 생각을 연관시킬 수 있는 또 다른 방법은 기억 장치를
사용하는 것이다. *mnemonic*(기억)이라는 단어는 *memory*
를 뜻하는 희랍어 *mnema*(므네마)에 기원을 두고 있으며 연상
의 원리를 사용한다. 기억 장치를 사용하면 학생들의 기억력
이 향상된다.[7]

  약어와 아크로스틱은 기억 장치의 두 가지 예이다. 약어는
기억해야할 단어들의 첫 번째 글자를 딴 말이다. 예를 들어, 5
대호를 외우려면 HOMES (Huron[휴런], Ontario[온타리오],
Michigan[미시간], Erie[이리], 그리고 Superior[수피리어])
를 기억하면 된다. 아크로스틱은 각 문장의 첫 번째 단어가 외
워야할 개념의 첫 번째 글자를 대표하는 것을 말한다. 예를 들
어, 오선지에 높은음자리표는 EGBDF(미솔시레파)를 지나가
는데 그 자리를 기억하려면 Every Good Boy Does Fine을
외우면 된다.

기억 장치를 사용하면 학습 효과가 두세 배 올라간다.[8]

아크로스틱으로 학생들은 연상을 할 수 있지만 외워야 할 내용과 아크로스틱 사이를 연결해 줄 수 있는 것이 필요하다.[9] 여기에서 부모의 도움이 필요하다.

■ 어떻게 할 수 있을까?

○ 아이의 숙제를 도와줄 때, 외워야 하는 개념과 일상생활을 연결해 보자. 공부하고 있는 개념이 실제 생활에서 언제 어디서 사용되는지 일러준다. 그 방법 하나만으로도 아이는 훨씬 쉽게 그 내용을 상기 시킬 수 있다. 예를 들어, 분수의 개념을 공부할 때, 피자 조각과 비교할 수 있다. 아이에게 진짜 피자를 보여주거나 피자 그림을 이용해서 이등분, 사등분, 그리고 팔등분에 들어가는 조각의 수를 가르칠 수 있다. 또 다른 예로는 돈의 가치를 가르쳐 줄 수도 있다. 진짜 동전을 사용하여 각 동전의 가치를 알려주고 주방에 있는 물건을 살 때 돈이 얼마나 필요한지 실제로 알려준다.

○ 작문을 아이에게 가르칠 때, 한 단락에 중심 주제와 세부 정보가 있어야 한다는 것을 알려주자. 이 개념을 네 개의 다리가 있는 테이블과 비교할 수 있다. 중심 주제는 테이블 상판이

다. 하지만 테이블 상판이 혼자서 일어서 있을 수 없고 다리들이 받쳐주고 있다. 아이들이 쓰고 있는 단락도 중심 주제가 테이블 상판이고 다리는 세부 정보라고 알려준다. 그러고 나서 네 개의 다리가 있는 테이블을 그리도록 하고 실제로 단락을 작성하기 전에 테이블 상판에는 중심 주제를 각 다리에는 세부 정보를 써 보도록 한다.

○ 직유를 사용하여 사물과의 연관성을 만들자. 직유는 '처럼'이라는 단어를 사용하여 두 개 이상의 개념을 연결하는 것이다. 예를 들면, "그녀는 비에 젖은 말벌처럼 화가 났다. 그는 토끼처럼 빨리 뛴다" 등이 있다. 잘 모르는 개념을 공부할 때, 아이가 실생활에서 직유의 예를 찾을 수 있도록 도와주자.

○ 비유를 사용하여 아이가 유사점을 시각화할 수 있도록 도와주자. 비유는 다음의 공식을 사용하여 두 가지 이상의 것들을 비교한다. a : b : : c : d는 a가 b인 것처럼 c는 d이다. 예를 들면, 셰익스피어 : 로미오와 줄리엣 : : 찰스 디킨스 : 두 도시 이야기. 게임을 통해서 아이가 얼마나 많이 실생활에서 비유를 들 수 있는지 시도해 보고 부모가 함께 숙제를 도와줄 때 비유를 들 수 있는지 찾아본다. 은유를 사용하여 이해도를 높인다.

○ 은유는 '처럼'이라는 말없이 두 개 이상의 것들을 비교한다. 예를 들면, 시인 칼 샌드버그는 그의 시 〈안개는 작은 고양이 발로 들어온다〉에서 은유를 사용하여 안개가 소리 없이 차오르는 것을 고양이가 기척 없이 방에 나타나는 것과 비교했다. 은유는 직유나 비유보다 어려우므로 고학년 아이들이 은유를 사용하여 연관성을 찾아보도록 한다.

○ 약어를 사용하여 학습 내용을 기억할 수도 있다. 기억 장치를 사용하여 아이디어를 단어나 문장으로 만들 수 있다. 아이디어가 단어 또는 이니셜에 연결되어 있을 때 약어라고 부른다. 스펙트럼의 색상을 순서대로 외우려면 **ROY G. BIV**를 외우면 된다. red(빨강), orange(주황), yellow(노랑), green(초록), blue(파랑), indigo(남색), 그리고 violet(보라). 약어를 사용하여 중요한 내용을 아이가 기억하도록 도와줄 수 있다. 아이가 형사가 되어 실생활에서의 약어를 찾아보는 놀이를 해볼 수도 있다. 실제로 약어와 아크로스틱은 정말 많이 사용된다. AIDS, SIDS, SCUBA, IRS, NFL, NASA, 또는 CIA 등이 있다.

○ 아크로스틱을 사용하여 아이가 개념을 잘 이해할 수 있도록 도와주자. 예를 들면, 다음의 문장을 외워서 태양계의

행성을 외울 수 있다. **My very educated mother just served us nine pizzas.** 태양에서부터 Mercury(수성), Venus(금성), Earth(지구), Mars(화성), Jupiter(목성), Saturn(토성), Uranus(천왕성), Neptune(해왕성) 그리고 Pluto(명왕성)이다. 이제 명왕성은 행성이 아니라고 하므로 다음과 같이 문장을 바꿨다. **My very educated mother just served us nachos.** 이제 해왕성에서 끝난다. 아이들이 어리다면 나중에 연상하여 떠올릴 수 있도록 아크로스틱을 만들어보자. 아이가 아크로스틱을 이해할 수 있도록 개념을 명확하게 알고 있는지 확인하자.

○ 고학년 아이들은 자신만의 기억 장치를 직접 만들어볼 수 있다. 기억 장치는 뇌에도 도움이 되지만 자신의 것을 직접 만드는 것이 원래 있던 것을 외우는 것보다 훨씬 도움이 된다.[10] 예를 들어, 연산 순서를 가르칠 때 나는 다음의 문장을 사용한다. **Please excuse my dear Aunt Sally** (parenthesis[괄호], exponents[지수], multiple[곱셈], divide[나눗셈], add[덧셈], subtract[뺄셈]). 한 중학생 아이가 이 개념을 이해하기 위해서 자신만의 아크로스틱을 다음과 같이 만들었다. **Please end my day at school!**(제발 수업 좀 끝내 주세요!)

아이의 선생님과 협력하기

> 학교의 리더들은 가족이 함께 참여할 수 있는 하나 된 비전을
> 학부모와 교사들에게 제시해 주어야한다.
>
> – 글래스그로 & 위트니(Glasgow & Whitney, 2009)

■ 무엇을 뜻하는가?

1장에서 언급했던 감정은행계좌에 대해서 기억하고 있을 것이다. 이 개념은 학부모와 선생님의 관계에도 적용된다. 아이에게 가장 좋은 결정을 내리기 위해서는 반드시 선생님과 함께 협력해야 한다. 만약 이 관계를 반감을 갖고 접근한다면, 당신과 선생님이 함께 공유한 감정은행계좌에서 잔고를 인출하고 있는 것이다. 이 상황이 계속된다면, 계좌에는 잔고가 없어지고 궁극적으로 파산을 하게 된다. 학부모는 학교가 싫어지고 선생님도 학부모가 찾아오는 것이 달갑지 않게 되므로 학부모와 학생에게 이런 현상은 절대 득이 되지 못한다.

반대로 선생님과 함께 아이를 위한 최고의 것을 찾는다면 탄탄한 은행계좌를 확립하고 좋은 결과를 얻을 것이다. 교육계에 거의 40년이 넘게 몸담고 있는 동안 나는 아이가 학교에 다니기 시작할 때는 대부분의 부모들이 지속적으로 관심을 표현한다는 것을 알게 되었다. 학부모들은 교사 상담 시간에 참석하며 학부모 교사 협회 회의에도 참여하고, 어머니 보조교사 또는 아버지 보조교사로 자원봉사하기도 한다. 그렇지만 학생의 학년이 높아지면서 학부모의 참여는 낮아지고 학생이 중학교나 고등학교에 가면 대부분의 부모들이 학교일에 참여해야 할 필요성을 느끼지 못한다. 실제로, 많은 부모들이 자신은 집에서 적극적인 부모이므로 학교 근처에는 가지 않으면서도 교육에 참여할 수 있다고 생각한다.[1] 그러나 여전히 학부모들의 참여가 필요하고 실제로, 아이가 학년이 높아질수록 그

> 학교 교육에 있어서 부모의 참여도는 아이의 성취도에 영향을 미치며, 그 결과, 아이의 진로 및 학문적 목표에도 영향을 미친다.[2]

중요성은 더욱 커진다!

그 반대로, 자신도 한 때 학생이었기 때문에 아이의 교사에게 지시 할 위치에 있어야 한다고 생각하며 비현실적인 요구를 하는 학부모들이 있다. 이런 부모들은 상황이야 어찌되었든 자신의 아이가 언제나 옳다고 생각한다. 일부는 무엇이든 맞설 준비를 하고 학교에 와서 교사들에게 적대적이며 모욕적으로 행동한다. 이러한 행동은 자신과 교사의 뇌를 생존 모드로 변환시키며 아이에게 가장 좋은 결정을 내릴 수 있는 판단력을 흐리게 한다.

학부모로서 30년 이상 그리고 교사로서 거의 40여년을 살아오면서, 나는 학부모 교사 상담 시간에 양쪽 자리에 모두 앉아 보았다. 학부모로서 경험할 수 있는 가장 힘든 일은 설령 그것이 사실이라 하더라도 선생님으로부터 아이에 대한 좋지 않

아이가 집에서 하는 간단한 학습활동만으로도 부모는 아이의 학습 성취도를 향상할 수 있도록 도울 수 있는 효과적인 방법이 된다.[3]

은 말을 듣는 것이다. 아이에게 최선의 것을 주기 위해서 다음
의 방법을 추천하고 싶다.

■ 어떻게 할 수 있을까?

○ 아이의 선생님과 처음으로 대면할 때, 좋은 분위기를 만
들도록 하자. 학교 시작 후 며칠 또는 몇 주 내에 선생님과 연
락하여 서로의 감정은행계좌에 입금을 시킨다. 선생님의 반이
되어서 얼마나 기쁜지를 말씀드리고 아이에게 가장 좋은 것을
위해 함께 협력하게 되어 얼마나 기쁜지 말씀드린다. 교사로서
나는 이 첫 번째 만남이 얼마나 중요한지 절실히 느끼며 이 만
남이 한 학년 동안의 분위기를 결정할 것이다.

○ 주기적으로 아이의 선생님에게 상담을 요청하자. 아이가
학교에서 잘하고 있다면 명확하게 어떤 것을 잘하는지 알기 위
해서 중요한 자리이다. 만약 학교생활에 아이가 어려움을 겪고
있다면 그 부분이 무엇인지 정확하게 알아서 학습 성취도 또는
행동을 개선하기 위해서 선생님과 협력할 수 있다. 학부모가
아이를 향상시키기 위해서 진정으로 관심을 갖고 있다는 것을
교사가 알게 되면, 서로 협력할 수 있는 동기가 더욱 높아진다.

○ 아이 앞에서 절대로 선생님을 욕하지 마라. 만약 자신의 선생님에 대해서 부모가 비판적이거나 비하하는 말을 아이가 듣는다면 선생님에 대한 존경심이 줄어든다. 만약 선생님이 하는 것 중 찬성하지 않는 행동이 있다면 직접 선생님에게 말씀드리고 우려하는 부분이 무엇인지 명확하게 밝힌다.

○ 학교에서 주최하는 행사에 자원봉사를 하자. 학급 보조교사, 가을 축제 봉사 또는 연말 학급 파티 도우미 등에 참여하자. 부모가 학교 행사에 참여하는 모습을 아이가 보면 학교 행사가 자신과 부모의 행사라고 생각하게 되어서 잘하려고 노력할 것이다.

○ 유치원부터 초등학교 3학년까지 초등학교 저학년 때는 아이의 학교 행사에 참여하는 부모들이 많이 있다. 그렇지만, 학년이 올라갈수록 아이의 지지자로서 역할을 하지 않아도 된다고 생각하고 학교 행사에 참여하지 않는다. 부모의 바쁜 일과에서 중요도를 잃는 것이다. 중요성을 인식하자! 나중에 더 큰 것을 얻을 수 있을 것이다. 가장 중요한 것을 맨 처음에 하는 것은 성공하는 사람들의 제 1의 습관이다.[4]

○ 학부모 교사로 직업, 개인적인 취미 또는 재능을 아이에

게 알리는 자리에 지원하자. 아이들은 자신이 배우는 것이 실제 직업에 어떤 식으로 적용되는지 이해하면 학업에 더 매진하게 된다. 앞으로 선택할 수 있는 직업에는 어떤 것이 있는지 알려주자. 예를 들어, 내 딸 제시카는 애틀랜타의 리츠 칼튼 호텔에서 쉐프의 보조 요리사로 일하고 있다. 제시카는 큰 딸 제니퍼의 부탁으로 직업의 날에 참여하여 3학년 학생들에게 요리에 대한 꿈을 심어주었다. 그 자리에서 간단한 요리를 만들어 시식도 하고 무게 측량이나 수학이 이 직업에 중요한 이유에 대해서도 이야기 하였다.

○ 많은 학교에서 알림장을 사용하고 있다. 이것은 학부모가 아이의 숙제가 무엇인지 잘 알 수 있도록 해준다. 알림장은 그날의 숙제를 적을 수 있도록 달력 모양으로 되어 있다. 이 노트는 학생이 집으로 가져가 부모에게 어떤 숙제가 있는지 알리는 것이다. 학부모는 메모를 보았다는 확인으로 사인을 하고 다시 아이를 통해 학교에 보낸다. 이것은 또한 선생님과 연락을 취할 수 있는 아주 좋은 방법이기도 하다.

○ 이제 기술이 발달하여 아이의 교과과정, 출석 상황 그리고 성적을 온라인으로 확인할 수 있는 컴퓨터 프로그램이 생

겨났다. 아이의 학교에 이런 프로그램이 있는지 확인하고 활
용하자. 내가 30년 동안 일했던 조지아 주 디케이터의 데칼브
교육 시스템에서는 학부모들이 학교 홈페이지에서 **학부모 포
털**을 클릭하여 아이에 대한 여러 가지 정보를 열람할 수 있다.

○ 일부 교사들은 학부모와 연락하는 이메일 계정을 갖고
있다. 선생님께 이 방법으로 연락할 수 있는지 알아보고 활용
하자.

○ 아이가 학습 또는 행동 장애로 어려움을 겪고 있다면 학
교와 협력하는 것이 필수적이다. 예를 늘어, 교직원이 상애를
발견하자마자 학부모에게 알려주고 지속적으로 연락을 취한
다면 장애 아동의 학부모가 겪는 스트레스를 조금이나마 덜어
줄 수 있다. 이 모든 것은 학생에게 갖는 기대를 충족하기 위해
서 함께 협력하는 것이다.[5]

○ 아이가 학교에서 일어나고 있다고 얘기해 주는 것을 모두
믿지는 말자. 행위 장애나 반항성 장애 등의 만성행동장애가
있는 아이들은 상황에 대해서 진심으로 자신에게는 어떠한 잘
못도 없다고 생각하기 때문에 고의적으로 거짓말을 할 수 있
다. 이런 잘못된 이야기에 놀아나서는 안 된다. 나는 선생님들

에게도 아이가 집에서 일어난다고 말하는 이야기를 모두는 믿
지 말라고 말한다. 만약 걱정되는 점이 있다면 선생님에게 면
담을 신청하고 함께 논의해야 한다. 항상 대화 창구를 열어 놓
아야 한다.

후기

내가 거의 40년 동안 교육자로서 30여 년간 부모로서 체득한 방법을 이렇게 수록해 보았다. 여러분은 부모로서 갖고 있던 의문점들에 대한 답을 모두 얻었는가? 물론 아닐 것이다! 이 세상 누구도 모든 답을 가진 사람은 없다. 적용해 볼 수 있는 아이디어를 찾았길 바라며 그것이 아이에게 왜 좋은지 더 찾아보고 싶은 마음이 생기길 바란다. 더불어, 80세 이상으로 장수할 수 있는 비결을 이 책에서 얻었길 바란다. 혹시 찾지 못했다면 미국 퇴직자 협회에서 발표한 목록을 참고해 볼만하다.[1]

장수의 비결

1. 유전 – 부모가 장수했다면 장수할 가능성이 높아진다.

2. 목적 – 아침에 일어날 이유가 분명하고 활동적으로 생활하는 사람은 장수한다.

3. **가까운 친분 관계** – 다른 사람(또는 반려 동물)과 교류하는 사람은 장수한다.

4. **유머** – 많이 웃는 사람(거짓 웃음이라도)은 면역이 강화되고 장수한다.

5. **긍정성** – 삶을 긍정적으로 바라보고 잔의 반이 비었다기보다는 반이나 차있다고 생각하는 사람은 장수한다.

6. **운동** – 육체적인 활동(예: 에어로빅, 걷기, 수영, 스키, 요가 등등)으로 몸을 가꾸는 사람은 장수한다.

7. **열정을 쏟을 수 있는 직업** – 현재 하고 있는 일을 사랑한다면 매일 일하는 것이 아니다. 일이 곧 놀이가 되기 때문에 장수한다.

8. **음악** – 악기를 연주하는 사람이나 음악의 강력하고 긍정적인 효과를 즐기는 사람은 장수한다.

9. **놀이** – 나이가 들었기 때문에 놀이를 그만하게 된 게 아니라 놀이를 하지 않기 때문에 나이 드는 것이다. 놀이를 하면 장수한다.

10. **영성** – 조물주를 믿는 사람들은 장수한다.

계약 협정

부모와 아이 사이의 계약 협정을 해 보자. 앞 서 언급된 각 장의 내용에서 적용할 것을 세 가지 선택하자. 자신이 더 좋은 부모가 되기 위해서 바꾸고 싶거나 아이가 학교에서 잘 적응하기 위해서 준비해야 할 것을 생각해 보고 골라 본다. 그 세 가지를 연속해서 21일 또는 28번 실행해서 뇌에서 습관을 들여야 한다. 아이가 좀 컸다면, 함께 앉아서 정한 우선순위를 이야기해 주고 함께 노력해서 아이가 스스로 자신의 우선순위를 정할 수 있도록 한다. 이렇게 습관을 만들면, 한두 가지를 더 선정해서 원하는 수준에 달할 수 있도록 한다.

예를 들어, 부모로서 당신은 우선순위를 다음과 같이 정해 볼 수 있을 것이다.

우선순위 1: 나는 가족을 위해 더 건강한 음식을 만들겠다.

우선순위 2: 나는 아이들의 감정은행계좌에 출금보다 입금을 더 많이 할 것이다.

우선순위 3: 나는 아이의 숙제를 봐줄 때 학습 내용에 운동 방법을 적용할 것이다.

그렇다면 아이의 우선순위는 다음과 같이 정할 수 있을 것이다.

우선순위 1: 나는 부모님이 준비 해주신 몸에 좋은 아침 식사를 먹을 것이다.

우선순위 2: 나는 부모님의 감정은행계좌에 출금보다는 입금을 더 많이 할 것이다.

우선순위 3: 나는 숙제를 할 때 학습 내용에 운동 방법을 적용할 수 있는 방법을 찾아 볼 것이다

한 가지는 꼭 기억하자. 아이를 돌보는 가장 좋은 방법은 자신을 먼저 돌보는 것이다. 나는 일주일에 서너 번 비행기로 이동하기 때문에 승무원이 알려주는 안전수칙을 자주 듣는다. 응급상황에서 어른이 산소마스크를 먼저 쓰고 아이에게 마스크를 씌워 주라고 항상 애기 한다. 왜일까? 자신부터 챙겨야 하기 때문이다! 스티븐 코비는 이것을 일곱 번째 습관으로 설명한다. 심신을 단련하라. 계속해서 단련하지 않으면 부모로서의 역할을 제대로 할 수 없다. 이 책이 심신을 단련하는데 도움이 되었길 바란다.

추천사

마샤 테이트가 또 해냈다! 부모님들은 더 이상 기다리지 않아도 된다. 이 책에서 마샤는 아이들의 첫 번째 교육자에 대해 다루고 있으며 모든 부모를 위해 관련된 정보를 결집했다. 이 책에서 나는 세 가지에 놀랐다.

첫째, 의미 있고 집약적인 정보들로 가득하다. 부모로서 꼭 알아야 할 것들이다. 헛된 페이지가 단 한 페이지도 없으며 모두 소중한 정보다.

둘째, 정보의 질이다. 교육자로서 비견할 사람이 없는 마샤는 자신의 연구를 통해 가장 최신 정보를 수록했다. 페이지마다 모든 부모가 알아야 할 신선한 아이디어들이 담겨있다.

셋째, 아이를 현명하고 성공적으로 키우기 위해 영원하면서도 필수적인 세 가지 주제, 즉 마음, 건강, 그리고 뇌라는 주제를 이 책의 기준으로 삼았다. 독자는 자녀의 뇌의 인지 및 창의

성을 키우려면 어떻게 해야 하는지 배울 수 있을 뿐 아니라 최적의 감정적, 육체적 성장을 위해 어떻게 해야 하는지 배울 수 있다.

아이와 더 좋은 관계를 개발할 수 있는 방법을 배울 수 있는 이처럼 긍정적이며 현실적인 생각을 만나게 된 것은 즐거운 일이다. 독자들은 안정적인 환경을 아이에게 만들어 주는 방법을 비롯해 아이 뇌 건강을 지키는 방법도 배우게 된다. 이 책의 세부적이며 실질적인 장들을 통해 아이에게 인생에 중요한 규칙, 의례 그리고 책임감을 키워줄 수 있다. 이러한 주제는 시급한 주제이며 가족의 일상적인 생활에 내포되어 있다. 이 책은 부모로서 긍정적인 면을 강조하고 부정적인 면을 덜 부각시킬 수 있다는 점을 상기시켜준다. 독자는 최고를 기대하고 성공을 마음속으로 그릴 수 있는 방법을 배우게 될 것이다.

이 실용적인 책을 통해 아이의 만성적인 행동 양식과 기분 장애를 식별하고 아이의 청각, 시각, 촉각적 학습 방법을 강화시킬 수 있게 될 것이다. 마지막으로 음악을 통한 기억 방법이 소개되는데 이것은 의식적으로 아이를 관찰하면서 행복한 유년 시절을 만들어 주는 핵심적인 부분이다.

마지막으로 이 책은 '행동적인' 책이다. 독자는 수록된 정보를 보고 흥분하고 실제로 적용해 보고 싶은 마음이 들 것이다.
물론, 실제로 그렇게 되도록 적용해 보도록 권장 받을 것이다.
이 책을 통해 여러분은 무엇이 옳은지 알게 될 것이며 더 자주
실행에 옮길 수 있게 될 것이다.

만약 내가 이 책에 대해서 너무 호들갑을 떠는 것 같았다면
그것은 너무 기쁘기 때문이다. 마샤는 힘든 주제를 가지고 여
러분이 즐겁게 독서할 수 있도록 마법을 부렸다. 나는 여러분
도 나만큼 이 민찬을 즐길 것이리고 확신한다. 즐기십시오!

– 에릭 젠슨(작가, 컨설턴트)

감사의 글

유능한 부모가 되는 것은 아마도 그 어떤 때보다 오늘날 더 힘든 일이 되었다. 하지만 일상에서 잘 해내고 있는 사람들이 있다. 가족은 다양한 모양과 규모로 존재한다. 두 부모 가정, 한 부모 가정 또는 위탁 가정이 있다. 할아버지, 할머니, 고모/이모, 삼촌/외삼촌, 형제, 자매 또한 모두 부모의 중요한 자리를 채운다. 진정한 부모는 단순하게 낳아주신 분들이 아니다. 부모는 그들의 보호 안에서 아름다운 아이들의 일상적인 육체적, 정신적, 사회적 그리고 감정적 필요를 채우기 위해 노력하는 사람들이다.

이 책은 매일 자신이 하고 있는 일을 더 잘 하고자 노력하는 부모들을 위한 책이다. 나는 어떤 부모가 얼마나 훌륭하든지 간에 매일 더 나아지기 위한 명확한 목표를 세워야 한다고 생각한다. 이 책이 그 목표를 달성하는데 도움이 될 것이다! 변화하는 세상에서 더 나아지기 위해 노력하지 않는다면 우리는 퇴보하기 시작할 것이다. 나는 매일 내 인생에 중요한 사람들에게 더 나은 딸, 아내, 엄마, 할머니, 자매 그리고 친구가 되기 위해 노력한다.

이 책을 감리교 목사로서 조지아 주 애틀랜타에 두 곳의 교회를 세우신 아버지 앨빈과 나의 어머니이자 앨빈의 아내로 아버지가 돌아가시기 전까지 35년 이상 헌신해 오신 유리카에게 바친다. 나의 부모님은 나에게 앤과 앨리노어라는 두 명의 자매를 주셨고 우리가 원하고 열심히 노력한 것을 성취할 수 있는 가치관, 도덕 그리고 소신을 주셨다. 많은 부분 그 분들 덕분에 우리는 모두 직업에서 그리고 개인적으로 성공할 수 있었다!

이 책은 또한 내가 가장 자랑스러워하는 나의 세 자녀, 제니퍼, 제시카 그리고 크리스토퍼에게 바친다. 부모로서, 나와 남편 타이론이 항상 잘 하는 것은 아니었지만, 그런 우리의 모습에도 불구하고 아이들은 견디어냈고 이제 멋진 성인으로 성장한 모습을 보는 것이 너무 기쁘다. 자식들을 볼 때면 아이들 아빠와 내가 뭔가 잘 한 것이 있구나 싶어진다. 나의 아이들은 나의 손자들 크리스찬과 에이든에게도 멋진 부모가 되어주고 있다. 나는 콜윈 프레스에게 큰 감사를 드리며, 콜윈의 저자로서 글을 쓸 수 있어 영광이며 모든 곳의 부모와 아이들의 삶에 긍정적인 변화를 만들 수 있을 것이라고 생각한다.

머리글

1) Glasgow & Whitney, 2009

1장

1) Runkel, 2007
2) Kohn, 2005
3) Covey, 2004
4) Kohn, 2005
5) Parker-Pope, 2010
6) Adamson, Hartman, & Lyxsell, 1999
7) Mahoney, 2005
8) Feinstein, 2009
9) Nagel, 2006

2장

1) Fox, 2001
2) Weil, 2005
3) Wingert & Brant, 2005
4) Sunderland, 2006

5) Hannaford, 2005
6) Fox, 2001
7) Rodriguez, 2007
8) Wingert & Brant, 2005, p. 35
9) Covey, 2004

3장

1) E. Jensen, 2008
2) E. Jensen, 2009
3) E. Jensen, 2008
4) E. Jensen, 2008
5) Heschong Mahone Consulting Group, 2007
6) Sullivan, Schefft, Warm, & Dember, 1998
7) E. Jensen, 2007
8) E. Jensen & Dabney, 2000
9) Feinstein, 2009

4장

1) E. Jensen, 2007
2) Colbert, 2009
3) Markowitz & Jensen, 2007
4) Colbert, 2009
5) Colbert, 2009
6) E. Jensen, 2007
7) Colbert, 2009
8) Markowitz & Jensen, 2007
9) Markowitz & Jensen, 2007
10) Markowitz & Jensen, 2007
11) Markowitz & Jensen, 2007
12) Parent Educational Tools, 2008
13) Colbert, 2009

5장

1) Wingert & Brant, 2005
2) Nemours Foundation, 2007
3) Fox, 2001
4) Sousa, 2007
5) Rodriguez, 2007
6) Wingert & Brant, 2005
7) Sprenger, 2008b
8) Dowling, 2005
9) Trelease, 2001
10) Fox, 2001
11) Fox, 2001
12) Covey, 2004
13) Goleman, 1995

6장

1) Geoffrey Kloske and Barry Blitt, 2005
2) Tallal, 2007
3) Fox, 2001
4) Sprenger, 2008
5) Shaywitz, 2003
6) Jim Trelease, 2001
7) Restak, 2001
8) Mem Fox 2001
9) Eliot, 2007
10) Nevills & Wolfe, 2009
11) Fox, 2001

7장

1) E. Jensen, 2007
2) Gibbs, 2009
3) Willis, 2006
4) Mahoney, 2005
5) Gibbs, 2009
6) Bergen, 2006
7) Sunderland, 2006
8) Colbert, 2009
9) Goleman, 1995
10) E. Jensen, 2007
11) E. Jensen, 2007
12) E. Jensen, 2007
13) E. Jensen, 2007
14) Lengel & Kuczala, 2010
15) E. Jensen, 2007

16) Parent Educational Tools, 2008

8장

1) Runkel, 2007; Sprenger, 2008
2) Nelsen, Erwin, & Duffy, 2007
3) Runkel, 2007
4) Sprenger, 2007b
5) Sprenger, 2008
6) Covey, 2004
7) Runkel, 2007, p. 41
8) Sprenger, 2008
9) Wingert & Brant, 2005
10) Gibbs, 2009, p. 57
11) Runkel, 2007
12) Runkel, 2007
13) Sprenger, 2008

9장

1) Sousa, 2009
2) E. Jensen, 2008
3) Sousa, 2009
4) E. Jensen, 2007
5) Allen, 2008
6) Kohn, 2005

10장

1) E. Jensen, 2010
2) Markowitz & Jensen, 2007

3) E. Jensen, 2007
4) Kohn, 2005
5) Kohn, 2005
6) Kohn, 2005
7) Cline & Fay, 2006
8) Kohn, 2005
9) Hirsh-Pasek & Golinkoff, 2003
10) Runkel, 2007
11) Cline & Fay, 2006, p. 101

11장

1) Morrison, 1995
2) Sousa, 2009
3) E. Jensen, 2010
4) Barkley, 2002
5) E. Jensen, 2010
6) E. Jensen, 2010
7) Lewisohn, Rohde, & Seeley, 1998
8) E. Jensen, 2010
9) E. Jensen, 2010
10) E. Jensen, 2010
11) Stein & Stein, 2008
12) E. Jensen, 2010
13) E. Jensen, 2010
14) E. Jensen, 2010
15) Emery & Laumann-Billings, 1998
16) Hannaford, 2005

17) E. Jensen, 2010
18) E. Jensen, 2010
19) E. Jensen, 2010
20) E. Jensen, 2010
21) E. Jensen, 2010
22) E. Jensen, 2010

12장

1) Sousa, 2009
2) Sousa, 2006
3) Glasgow & Whitney, 2009
4) Caine, Caine, McClintic, & Klimek, 2005
5) Wong & Wong, 1998
6) Hill et al., 2004
7) E. Jensen, 2007
8) Cline & Fay, 2006

13장

1) Kluger, 2005
2) Costa, 2008
3) E. Jensen, 2007
4) Underwood, 2005
5) Underwood, 2005
6) Glasser, 1999
7) Feinstein, 2009
8) Underwood, 2005
9) E. Jensen, 2007
10) Algozzine, Campbell, & Wang, 2009a

14장

1) Tate, 2010, p. 107
2) Storm, 1999
3) Markowitz & Jensen, 2007
4) Caine, Caine, McClintic, & Klimek, 2005
5) Sprenger, 2008
6) Tileston, 2004
7) Glasser, 1990
8) Sprenger, 2007a
9) Allen, 2008
10) Allen, 2008
11) Sousa, 2006
12) Caine et al. 2009

15장

1) E. Jensen, 2007
2) Sprenger, 2007a
3) Markowitz & Jensen, 2007
4) Covey, 2004
5) Healey, 2004
6) Markowitz & Jensen, 2007
7) Sousa, 2007
8) Fogarty, 2009, p. 112
9) Gregory & Parry, 2006

16장

1) Lengel & Kuczala, 2010
2) Hannaford, 2005

3) Sprenger, 2007a
4) E. Jensen, 2007
5) Rodriguez, 2007
6) Sprenger, 2007b
7) Paul and Gail, 1992
8) Nagel, 2006
9) Jensen, 2008
10) Tate, 2010
11) Tate, 2010
12) DeFina, 2003

17장

1) E. Jensen, 2001
2) Hannaford, 2005
3) Fogarty, 2009
4) E. Jensen, 2007
5) Markowitz & Jensen, 2007
6) Dewey, 1934
7) E. Jensen, 2001
8) Eide & Eide, 2006
9) Curtain-Phillips, 2008
10) Wall & Posamentier, 2006
11) Tate, 2010
12) Tate, 2005
13) Tate, 2010, p. 58

18장

1) E. Jensen, 2009
2) Sprenger, 2008
3) Sprenger, 2008

4) E. Jensen, 2008
5) Catterall, Chapleau, & Iwanga, 1999
6) Sousa, 2006
7) Weinberger, 2004
8) E. Jensen, 2005

19장

1) E. Jensen, 2008
2) E. Jensen, 2008
3) Gregory & Chapman, 2002
4) Keeley, 2008
5) Posamentier & Jaye, 2006
6) Jones, 2008
7) Ronis, 2006
8) Markowitz & Jensen, 2007
9) Allen, 2008
10) Feinstein, 2009

20장

1) Russell & Granville, 2005
2) Hill et. al., 2004
3) Parent Educational Tools, 2008
4) Covey, 2004
5) Sousa, 2007

후기

1) Mahoney, 2005

Adamson, L., Hartman, S. G., & Lyxell, B. (1999). Adolescent identity—a qualitative approach: Self-concept, existential questions and adult contacts. *Scandinavian Journal of Psychology, 40*(1), 21–31.

Algozzine, B., Campbell, P., & Wang, A. (2009). *63 tactics for teaching diverse learners: Grades K–6*. Thousand Oaks: CA: Corwin.

Allen, R. (2008). *Green light classrooms: Teaching techniques that accelerate learning*. Victoria, Australia: Hawker Brownlow.

Barkley, R. A. (2002). International consensus statement on ADHD: January 2002. *Clinical Child and Family Psychology Review, 5*, 89–111.

Bayer, J. (1984). *A, My name is Alice*. New York: Dial Books for Young Readers.

Bergen, D. (2006). *Early childhood*. In S. Feinstein (Ed.), *The Praeger handbook of learning and the brain* (pp. 187–192). Westport, CT: Praeger.

Caine, R. N., Caine, G., McClintic, C., & Klimek, K. (2005). *12 brain/ mind learning principles in action: The fieldbook for making connections, teaching, and the human brain*. Victoria, Australia: Hawker Brownlow.

Caine, R. N., Caine, G., McClintic, C., & Klimek, K. J. (2009). *12 brain/mind learning principles in action: Developing executive functions of the human brain* (2nd ed.). Thousand Oaks, CA: Corwin.

Catterall, J., Chapleau, R., & Iwanga, J. (1999, Fall). *Involvement in the arts and human development: Extending an analysis of general associations and introducing the special cases of intense involvement in music and in theater arts* (Monograph Series No. 11). Washington, DC: Americas for the Arts.

Cline, F., & Fay, J. (2006). *Parenting with love and logic: Teaching children responsibility.* Colorado Springs, CO: Pinon Press.

Colbert, D. (2009). *Eat this and live! How to make simple food choices.* Lake Mary, FL: Siloam.

Costa, A. L. (2008). *The school as a home for the mind: Creating mindful curriculum, instruction, and dialogue.* (2nd Ed.) Victoria, Australia: Hawker Brownlow Education.

Covey, S. R. (1997). *The 7 habits of highly effective families.* New York: Free Press.

Covey, S. R. (2004). *The 7 habits of highly effective people: Powerful lessons in personal change.* New York: Free Press.

Curtain-Phillips, M. (2008). *How to make the most of math manipulatives—A fresh look at getting students' heads and hands around math concepts.* Retrieved August 31, 2009, from http://www.mathgoodies.com/articles/manipulatives.html.

Defina, P. (2003). *The neurobiology of memory: Understand, apply, and assess student memory.* Paper presented at the Learning and Brain Conference, Cambridge, MA.

Dennison, P., & Dennison, G. (1992) *Brain gym: Simple activities for whole brain learning.* Ventura, CA: Edu Kinesthetics.

Dewey, J. (1934). *Art as experience.* New York: Minion Ballet.

Dobson, J. (2001). *Bringing up boys: Practical advice and encour-*

agement for those shaping the next generation of men. Carol Stream, IL: Tyndale House.

Dowling, J. (2005). *Young children's personal, social, and emotional development*. (2nd ed.). London: Paul Chapman.

Eide, B., & Eide, F. (2006). *The mislabeled child*. New York: Hyperion.

Eliot, L. (2007, April). *What's going on in there? Nature, nurture, and early brain development*. Presentation at Learning and the Brain Conference, Cambridge, MA.

Emery, R. E., & Laumann-Billings, L. (1998). An overview of the nature, causes, and consequences of abusive family relationships: Toward differentiating maltreatment and violence. *American Psychologist, 53*, 121–135.

Erlauer, L. (2003). *The brain-compatible classroom: Using what we know about learning to improve teaching*. Alexandria, VA: Association for Supervision and Curriculum Development.

Feinstein, S. (2009). *Secrets of the teenage brain: Research-based strategies for reaching and teaching today's adolescents* (2nd ed.). Thousand Oaks, CA: Corwin.

Fogarty, R. (2009). *Brain-compatible classrooms* (3rd ed.). Victoria, Australia: Hawker Brownlow Education.

Fox, M. (2001). *Reading magic: Why reading aloud to our children will change their lives forever*. San Diego, CA: Harcourt.

Gardner, H. (1983). *Frames of mind: The theory of multiple intelligences*. New York: Basic Books.

Gibbs, N. (2009). Can these parents be saved? *Time, 174*(21), 52–57.

Glasser, W. (1990). *The quality school: Managing students without coercion*. New York: HarperCollins

Glasser, W. (1999). *Choice theory: A new psychology of personal freedom*. New York: HarperCollins.

Glasgow, N. A., & Whitney, P. J. (2009). *What successful schools do to involve families: 55 partnership strategies*. Thousand Oaks, CA: Corwin and National Association of Secondary School Principals.

Goleman, D. (1995). *Emotional intelligence*. New York: Bantam.

Gregory, G., & Chapman, C. (2002). *Differentiated instruction: One size doesn't fit all*. Thousand Oaks, CA: Corwin.

Gregory, G. H., & Parry, T. (2006). *Designing brain-compatible learning* (3rd ed.). Thousand Oaks, CA: Corwin.

Hannaford, C. (2005). *Smart moves* (2nd ed.). Salt Lake City, UT: Great Rivers Books.

Healey, J. (2004). *Your child's growing mind*. New York: Broadway.

Heschong Mahone Consulting Group. (2007). *Daylighting and productivity-CEC PIER*. Retrieved March 15, 2010, from www.h-m-g.com/projects/ daylighting/projects-PIER.htm.

Hill, N. E., Castellino, D. R., Lansford, J. E., Nowlin, P., Dodge, K. A., Bates, J. E., et al. (2004). Parent academic involvement as related to school behavior, achievement, and aspirations: Demographic variations across adolescence. *Child Development, 75*(5), 1491–1509.

Hirsh-Pasek, K., & Golinkoff, R. (2003). *Einstein never used flash cards: How our children really learn and why they need to play more and memorize less*. Emmaus, PA: Rodale Press.

Jensen, E. (2001). *Arts with the brain in mind*. Alexandria, VA: Association for Supervision and Curriculum Development.

Jensen, E. (2005). *Top tunes for teaching: 977 song titles and practical tools for choosing the right music every time*. Thousand Oaks, CA. Corwin.

Jensen, E. (2007). *Brain-compatible strategies* (2nd ed.). Victoria, Australia: Hawker Brownlow Education.

Jensen, E. (2008). *Brain-based learning: The new paradigm of teaching*. Thousand Oaks, CA: Corwin.

Jensen, E. (2009). *Fierce teaching: Purpose, passion, and what matter most*. Thousand Oaks, CA: Corwin.

Jensen, E. (2010). *Different brains, different learners: How to reach the hard to reach* (2nd ed.). Thousand Oaks, CA: Corwin.

Jensen, E., & Dabney, M. (2000). *Learning smarter: The new science of teaching*. Thousand Oaks, CA: Corwin.

Jensen, R. (2008). *Catalyst teaching: High-impact teaching techniques for the science classroom*. Victoria, Australia: Hawker Brownlow Education.

Jones, C. (2008). *The magic of metaphor*. Retrieved April 6, 2010 from http://www.Uxmatters.com/mt/archives/2008/php

Keeley, P. (2008). *Science formative assessment: 75 practical strategies for linking assessment, instruction, and learning*. Thousand Oaks, CA: Corwin & National Science Teachers Association Press.

Kloske, G., & Blitt, B. (2005). *Once upon a time, the end: Asleep in 60 seconds*. New York: Atheneum Books for Young Readers.

Kluger, J. (January 17, 2005). The funny thing about laughter. *Time. 165*(3), A24–A29.

Kohn, A. (2005). *Unconditional parenting: Moving from rewards and punishments to love and reason*. New York: Atria Books.

Kottler, J. A. (2002). *Students who drive you crazy: Succeeding with resistant, unmotivated, and otherwise difficult young people*. Thousand Oaks, CA: Corwin.

Lakoff, G., & Johnson, M. (1980). *Metaphors we live by*. Chicago: University of Chicago Press.

Lengel, T., & Kuczala, M. (2010). *The kinesthetic classroom: Teaching and learning through movement*. Thousand Oaks, CA: Corwin.

Lewisohn, P. M., Rohde, P., & Seeley, J. R. (1998). Treatment of adolescent depression: Frequency of services and impact on functioning in young adulthood. *Depression and Anxiety, 7,* 47–52.

Markowitz, K., & Jensen, E. (2007). *The great memory book.* Heatherton, Victoria, Australia: Hawker Brownlow Education.

Mahoney, S. (2005, July/August). How to live longer. *American Association of Retired People, 48*(4B), 64–72.

Morrison, J. (1995). *DSM-IV made easy: The clinician's guide to diagnosis.* New York: Guilford.

Nagel, M. C. (2006). *Boys stir us.* Victoria, Australia. Hawker Brownlow Education.

Nelsen, J., Erwin, C., & Duffy, R. A. (2007). *Positive discipline: The first three years.* New York: Three Rivers Press.

Nemours Foundation. (2007). *Healthy habits for TV, video games, and the Internet.* Retrieved April 5, 2010, from http://www. kidshealth.org/parent/Positive/family/te-habits.html.

Nevills, P., & Wolfe, P. (2009). *Building the reading brain: PreK–3* (2nd ed.). Thousand Oaks, CA: Corwin.

Parent Educational Tools. (2008). *North Carolina Parent's Desk Reference.* Jacksonville, FL: Author.

Parker-Pope, T. (2010, May). Excerpt from *For better: The science of a good marriage. Reader's Digest,* 22.

Posamentier, A. S., & Jaye, D. (2006). *What successful math teachers do, Grades 6–12: 79 research-based strategies for the standards-based classroom.* Thousand Oaks, CA: Corwin.

Restak, R. (2001). *The secret life of the brain.* Washington, DC: Joseph Henry Press.

Rodriguez, A. (2007). *A day in the life of the brain.* New York: Chelsea House.

Ronis, D. L. (2006). *Brain-compatible mathematics* (2nd ed.). Thousand Oaks, CA: Corwin.

Runkel, H. E. (2007). *Screamfree parenting: The revolutionary approach to raising your kids by keeping your cool*. New York: Broadway Books.

Russell, K., & Granville, S. (2005). *Parents' views on improving parental involvement in children's education*. Edinburgh, Scotland: George Street Research for Scottish Executives.

Shaywitz, S. (2003). *Overcoming dyslexia*. New York: Alfred Knopf.

Sousa, D. A. (2006). *How the brain learns* (3rd ed.). Thousand Oaks, CA: Corwin.

Sousa, D. A. (2007). *How the special needs brain learns* (2nd ed.). Thousand Oaks, CA: Corwin.

Sousa, D. A. (2009). *How the brain influences behavior: Management strategies for every classroom*. Thousand Oaks, CA: Corwin.

Sprenger, M. (2007a). *Becoming a "wiz" at brain-based teaching: How to make every year your best year* (2nd ed.). Thousand Oaks, CA: Corwin.

Sprenger, M. (2007b). *Memory 101 for educators*. Thousand Oaks, CA: Corwin.

Sprenger, M. (2008). *The developing brain: Birth to age eight*. Thousand Oaks, CA: Corwin.

Stein, M. B., & Stein, D. J. (2008). Social anxiety disorder. *Lancet, 371*, 1115–1125.

Sternberg, R. J., & Grigorenko, E. L. (2000). *Teaching for successful intelligence: To increase student learning and achievement*. Arlington Heights, IL: Skylight.

Storm, B. (1999). The enhanced imagination: Storytelling? Power to entrance listeners. *Storytelling, 2*(2).

Sullivan, T. E., Schefft, B. K., Warm, J. S., & Dember, W. N. (1998, April). Effects of olfactory stimulation on the vigilance performance of individuals with brain injury. *Journal of Clinical and Experimental Neuropsychology, 20*(2), 227–236.

Sunderland, M. (2006). *The science of parenting*. New York: DK.

Tallal, P. (2007, March). *Better living through neuroscience*. Presentation at the Annual Conference of the Association for Supervision and Curriculum Development. Anaheim, CA.

Tate, M. L. (2005). *Reading and language arts worksheets don't grow dendrites: 20 literacy strategies that engage the brain*. Thousand Oaks, CA: Corwin.

Tate, M. L. (2007). *Shouting won't grow dendrites: 20 techniques for managing a brain-compatible classroom*. Thousand Oaks, CA: Corwin.

Tate, M. L. (2008). *Engage the brain games series: Grades K–6*. Thousand Oaks, CA: Corwin.

Tate, M. L. (2010). *Worksheets don't grow dendrites: 20 instructional strategies that engage the brain* (2nd ed.). Thousand Oaks, CA: Corwin.

Tileston, D. W. (2004). *Training manual for what every teacher should know*. Thousand Oaks, CA: Corwin.

Trelease, J. (2001). *The read-aloud handbook* (5th ed.). New York: Penguin Books.

Underwood, A. (October 3, 2005). The good heart. *Newsweek*, 48–55.

Wall, E. S., & Posamentier, A. S. (2006). *What successful math teachers do, Grades PreK–5: 47 research-based strategies for the standards-based classroom*. Thousand Oaks, CA: Corwin.

Weil, A. (2005, October 17). Aging naturally. *Time, 166*(16), 60–70.

Weinberger, N. M. (2004). Music and the brain. *Scientific American, 291*(5), 88–95.

Willis, J. (2006). *Research-based strategies to ignite student learning*. Alexandria, VA: Association for Supervision and Curriculum Development.

Wingert, P., & Brant, M. (2005, August 15). Reading your baby's mind. *Newsweek*, 32–39.

Wong, H. K., & Wong, R. T. (1998). *The first days of school: How to be an effective teacher*. Mountain View, CA: Harry K. Wong.

찾아
보기

저자 소개

이 책의 저자인 마샤 L. 테이트(Marcia L. Tate) 박사는 미국 조지아 주의 애틀랜타 시에 있는 스펠만 컬리지에서 심리학 및 초등교육을 전공하였고, 미시간 대학교에서 독서치료학으로 석사학위를 받았다. 그리고 클라크 애틀랜타 대학교에서 교육 리더십 박사학위를 받았으며, 조지아 주립대학교에서 교육 리더십으로 전문가 학위를 받았다.

30년 이상 교육 전문가로 활동해 온 마샤 박사는 교육학 분야에서의 우수성을 인정받아 스펠만 컬리지로부터 애플 어워드를 수여받기도 하였다. 또한 그녀는 조지아 주로부터 우수 교사연수 프로그램 상을 수여받았고, 그녀가 속해 있는 부서는 해당 주의 모범 프로그램 상을 수상하였다.

마샤 박사는 현재 교육 컨설턴트로 활동하며 호주, 이집트, 헝가리, 싱가포르, 태국, 뉴질랜드를 비롯한 전 세계의 35만명이 넘는 부모, 교사, 행정관리자, 비즈니스 리더 및 지역 리더의 교육을 담당하였다.

그녀는 조지아 주의 디케이터 시의 데칼브 카운티 학교 시스템의 교사연수 개발팀 사무국장을 역임하였는데 독서 전문가, 언어 코디네이터 그리고 교사연수 개발팀 사무국장으로서 30년간 학교 시스템에서의 경력을 쌓았다.

마샤 박사의 서서로는 『문제집에는 수상 돌기가 사라지 않는다: 뇌를 사용하는 20가지 교육법』, 『앉아서 받으면 수상 돌기가 자라지 않는다: 성인의 뇌를 사용하는 20가지 학습 방법』, 『독서와 언어 문제집에는 수상 돌기가 자라지 않는다: 뇌를 사용하는 20가지 읽기 전략』, 『소리 지른다고 수상 돌기가 자라지 않는다: 뇌를 사용할 수 있는 교실을 만드는 20가지 방법』, 그리고 『수학 문제집에는 수상 돌기가 자라지 않는다: 뇌를 사용하는 20가지 수리적 방법』 등이 있다. 앞서 언급한 다섯 권의 서적은 교육 부분 베스트셀러이기도 하다. 가장 최근에는 카운티에서 최고 과학 선생님으로 알려진 워렌 필립스와 『과학 문제집에는 수상 돌기가 자라지 않는다: 뇌를 사용하는 20가지 교육용 전략』이라는 책을 공동 출간하였다.

역자 소개

정수민

- 한국외국어대학교 서반아어과 졸업
- 연세대학교 국제학대학원 지역학(미국) 석사
- Monterey Institute of International Studies 한영과 통번역 석사

- 現 Cisco Systems Korea 로컬라이제인션 리뷰어
- 김장법률사무소 특허 국제부